O LIVRO DE QUASE TUDO
COM FATOS INCRÍVEIS

Ciranda Cultural

SUMÁRIO

O UNIVERSO 4

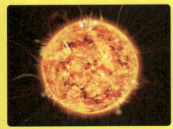   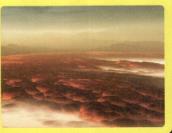

NOSSO PLANETA AZUL 36

COMO A VIDA COMEÇOU 56

AS PRIMEIRAS CIVILIZAÇÕES 76

ANIMAIS SELVAGENS..90

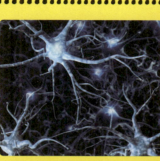

SOBRE MIM...126

A CIÊNCIA POR TRÁS DAS COISAS.....................150

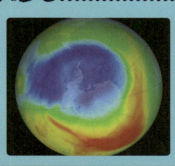
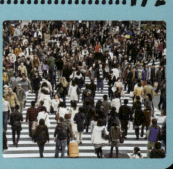

NOSSO MUNDO AMEAÇADO..................................172

O UNIVERSO

NADA É MAIOR

O UNIVERSO ABRANGE TUDO

A Terra, todas as pessoas e coisas, nosso Sistema Solar, a Via Láctea, todas as outras galáxias, quer possamos vê-las ou não, até mesmo o espaço vazio… tudo isso constitui o Universo. É a maior coisa que pode ser expressa em uma única palavra.

JÁ PAROU PARA PENSAR...

QUANTAS ESTRELAS EXISTEM?

Mais do que você poderia contar. Os cientistas estimam que haja cerca de 1,8 trilhão de estrelas para cada ser humano vivo no mundo hoje!

Andrômeda, uma das muitas galáxias que compõem o Universo.

O Universo é vasto demais para sequer imaginarmos seu tamanho. Ele contém trilhões de galáxias, estrelas, planetas, nebulosas, buracos negros e espaço vazio ilimitado.

A Terra NÃO está no coração do Universo

Houve uma época em que as pessoas pensavam que a Terra estava no centro do Universo, mas agora sabemos que a Terra é apenas um entre bilhões de planetas que se movem pelo espaço.

NADA VIAJA TÃO RÁPIDO QUANTO A LUZ

Mesmo que pudéssemos viajar à velocidade da luz, que é a velocidade mais rápida conhecida que qualquer coisa pode alcançar, seriam necessários pelo menos 15 bilhões de anos para atravessar o Universo – até onde sabemos! É difícil dizer com certeza porque não conseguimos ver as bordas do Universo.

INCRÍVEL!

O Universo é tão grande que não pode ser medido em quilômetros. Mesmo que conseguíssemos, de alguma forma, viajar para além dele, os cientistas têm certeza de que não existe tempo, distância ou absolutamente nada fora de seus limites.

A forma do Universo é...

Durante muitos anos, acreditou-se que o Universo era redondo, como um balão inflado. Mas agora alguns cientistas acreditam que pode ser plano – como uma panqueca!

O BIG BANG

Nuvens gigantes de gases e partículas, chamadas nebulosas, formaram-se à medida que o Universo esfriava após o Big Bang.

O BIG BANG LIBEROU ENORMES QUANTIDADES DE ENERGIA

Toda a massa e energia do nosso Universo foram criadas em menos de um segundo, numa enorme explosão superaquecida. Estava tão quente que os cientistas hoje nem se preocupam em escrever todos os zeros da temperatura. Eles escrevem como 1.032 graus Celsius, o que significa 10 multiplicado 32 vezes!

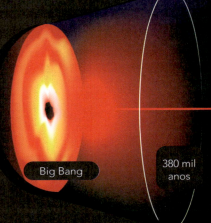

Big Bang

380 mil anos

300 milhões de anos

Universo esmagado

Alguns cientistas acreditam que, daqui a bilhões de anos, o Universo entrará em colapso e terminará esmagado! Mas pode não ser o fim: outros cientistas imaginam que, mesmo que isso aconteça, ele será seguido por outro Big Bang, e nascerá um Universo totalmente novo.

INCRÍVEL!

Ainda é possível ver a luz gerada pelo Big Bang. Se você olhar através de um telescópio extremamente potente, conseguirá ver, do outro lado do Universo, a luz que começou sua jornada logo após o Big Bang.

Aconteceu há muito, muito tempo

A data exata do Big Bang vem sendo discutida há séculos. Atualmente, a maioria dos cientistas concorda que o Universo nasceu entre 12 e 15 bilhões de anos atrás.

É possível que outros universos estejam nascendo.

MILHÕES DE UNIVERSOS PODEM ESTAR EM FORMAÇÃO

Embora não possa acontecer novamente no nosso Universo, é possível que outros big bangs estejam ocorrendo agora, milhões de vezes, criando milhões de universos diferentes. É improvável que muitos durem tanto quanto o nosso – a maioria estouraria como bolhas de sabão.

Tempo

1 bilhão de anos

JÁ PAROU PARA PENSAR...

QUAL FOI A VERDADEIRA POTÊNCIA DO BIG BANG?

Ele foi tão poderoso que o Universo continua em expansão!

Com o tempo, o Universo mudou. Na escuridão que se seguiu ao Big Bang, apareceram estrelas e, depois, galáxias. E ainda mais galáxias estão sendo formadas hoje!

INÚMERAS GALÁXIAS

EXISTEM MAIS DE DOIS TRILHÕES DE GALÁXIAS...

... e novas galáxias estão se formando agora mesmo nas bordas do Universo! Uma galáxia é um grupo de estrelas, poeira e gases que ficam juntos graças à gravidade. Provavelmente, existem mais de um quatrilhão de estrelas nas trilhões de galáxias que compõem o Universo.

INCRÍVEL!

Nossa galáxia parece uma fatia de rocambole gigante! Chamada de Via Láctea, ela é uma enorme espiral com redemoinhos que parecem ser a parte branca do doce. Vista de cima, é muito parecida com uma fatia de rocambole. Porém, vista de lado, ela parece dois ovos fritos colados, um em cima do outro!

Vivemos no limite da Via Láctea

Nosso Sistema Solar está localizado em um dos braços espirais da galáxia. De acordo com os cientistas, provavelmente existe um buraco negro monstruoso no centro da Via Láctea, e esse buraco é um milhão de vezes maior que o Sol.

Cada galáxia é única

Algumas são brilhantes, outras são fracas, e elas se classificam em três formatos básicos de galáxias: espiral, elíptica (oval) e irregular. Claro, porque "irregular" significa que uma galáxia não tem forma específica, ou seja, é uma categoria bastante abrangente!

Andrômeda (embaixo) e a Via Láctea.

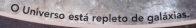
O Universo está repleto de galáxias.

NOSSA GALÁXIA TEM UMA GÊMEA

Chamada de Andrômeda, é a maior galáxia próxima à nossa. Andrômeda possui mais ou menos a mesma idade da Via Láctea e tem formato semelhante, mas contém muito mais estrelas.

JÁ PAROU PARA PENSAR...

POR QUE NOSSA GALÁXIA SE CHAMA VIA LÁCTEA?

Olhe para cima em uma noite clara e você entenderá por quê. As 100 bilhões de estrelas na galáxia fazem com que ela pareça uma faixa leitosa de luz estelar que se estende pelo céu.

O SISTEMA SOLAR

No século XVII, o cientista Galileu criou um telescópio e fez muitas descobertas sobre o Sistema Solar com esse instrumento.

Sol

Mercúrio

Vênus

NOSSO SISTEMA SOLAR É A SOMA DE MUITAS PARTES

A palavra "solar" significa "do Sol", e o centro do Sistema Solar é o Sol. Ao seu redor, orbitam oito planetas, que percorrem um caminho definido. Também fazem parte do Sistema Solar as luas desses planetas e objetos menores, como cometas, asteroides e pedaços de rocha espacial que flutuam pelo espaço.

JÁ PAROU PARA PENSAR...

Netuno

Urano

QUAL É O TAMANHO DO SISTEMA SOLAR?

Se considerarmos os limites mais distantes da força gravitacional do Sol, o Sistema Solar pode ter até 18,9 trilhões de quilômetros!

12

O Sol mantém tudo junto

O Sol tem uma energia poderosa: ele atrai os diferentes objetos do Sistema Solar em sua direção com uma força invisível chamada gravidade. Essa força mantém os planetas girando em órbita e os impede de voar para longe, no espaço mais profundo. Cada planeta também tem a própria força gravitacional que mantém as suas luas por perto.

Os planetas orbitam o Sol.

Terra
Marte
Júpiter
Saturno

UMA VOLTA EM TORNO DO SOL LEVA MUITOS DIAS

Quanto mais próximo um planeta estiver do Sol, mais curta e rápida será sua viagem de ida e volta. Como vizinho mais próximo do Sol, Mercúrio gira uma vez a cada 88 dias terrestres. A órbita da Terra leva um ano (ou 365 dias terrestres). Existe um planeta-anão, chamado Plutão, que está além dos oito planetas. Por estar mais distante do Sol, tem a viagem mais longa: ele precisa de impressionantes 248 anos terrestres para completar uma órbita!

INCRÍVEL!

Pode chegar um momento em que o Sol se apagará! Os cientistas acreditam que o Sol está ficando sem combustível. Mas sem pânico – isso está acontecendo muito, muito devagar. O Sol provavelmente ainda tem combustível suficiente para continuar a brilhar por mais de cinco bilhões de anos.

O SOL

O SOL É APENAS UMA GRANDE BOLA DE AR QUENTE

O Sol é uma estrela. E, como todas as estrelas, é uma bola gigantesca de gases em chamas. O hidrogênio e o hélio são os dois principais gases que formam o suprimento de combustível para o calor e a luz do Sol. O Sol está queimando há cerca de cinco bilhões de anos e continuará a queimar durante pelo menos outros cinco bilhões de anos.

ELE É MUITO, MUITO QUENTE

Mesmo a parte mais fria do Sol, a sua superfície, tem 6.000 °C. Ela é 25 vezes mais quente que o forno de cozinha mais quente. O centro, ou núcleo, do Sol é muito, muito, muito mais quente! O Sol também é extremamente brilhante. Na verdade, sua luz, mesmo vindo de tão longe, é forte o suficiente para cegar as pessoas.

Manchas escuras na superfície do Sol.

O Sol tem manchas maiores que os planetas

O Sol tem pequenas bolsas ligeiramente mais frias que parecem mais escuras. É claro que essas manchas solares são "pequenas" apenas quando comparadas com o Sol – podem ser tão grandes como Júpiter (o maior planeta do Sistema Solar) e é tão grande que todos os outros planetas caberiam dentro dele.

Há momentos em que o Sol se esconde

Isso acontece em certos pontos da órbita da Lua. Quando ocorre um eclipse, a Lua fica entre a Terra e o Sol. O Sol se esconde atrás da Lua, que projeta uma sombra na superfície da Terra.

Os perigosos raios ultravioleta (UV) do Sol podem queimar os olhos e até cegar as pessoas. É por isso que você nunca deve olhar diretamente para o Sol. Nem mesmo os óculos de sol podem proteger totalmente os seus olhos. Se quiser ver o Sol com segurança, peça para alguém lhe mostrar como projetar a imagem do Sol em uma folha de papel.

JÁ PAROU PARA PENSAR...

QUAL É O TAMANHO DA TERRA QUANDO COMPARADA AO SOL?

Se o Sol fosse do tamanho de uma bola de futebol, a Terra não seria muito maior que o ponto-final desta frase.

15

OS PLANETAS

OS PLANETAS FORAM FORMADOS A PARTIR DE REDEMOINHOS DE GÁS E POEIRA

Isso aconteceu há cerca de 4,6 bilhões de anos, no interior de uma enorme nuvem de gás e poeira em forma de rosquinha que girava em torno do Sol. Alguns planetas são quase totalmente gasosos, sem nenhuma superfície firme. Nem os planetas, nem as suas luas são tão grandes ou tão quentes como as estrelas. Por isso, eles não conseguem produzir luz por si próprios.

Terra

Mercúrio

Vênus

Sol

Os oito planetas do nosso Sistema Solar.

INCRÍVEL!

Você pode localizar os planetas mais brilhantes no céu noturno, mesmo sem um telescópio. Vênus tem um brilho branco, enquanto Júpiter parece azul-esverdeado e Marte tem o brilho vermelho. Mas, claro, com um telescópio você pode ver alguns detalhes surpreendentes.

(Da esquerda para a direita) Os planetas-anões Plutão, Eris, Haumea e Makemake.

ALGUNS PLANETAS SÃO ANÕES

Em 2006, a União Astronômica Internacional (IAU) rebaixou Plutão a planeta-anão. Embora, assim como os demais planetas, ele girasse em torno do Sol e tivesse mais ou menos o formato de uma bola, havia uma diferença: há outros objetos de tamanho semelhante em seu espaço gravitacional. Existem outros planetas-anões: Makemake, Eris e Haumea.

Planeta não é lua

Planeta é um corpo espacial que orbita (gira em torno de) uma estrela, como por exemplo o Sol. Uma lua é um corpo espacial que orbita um planeta. Da mesma forma que os planetas são menores que suas estrelas, as luas são menores que seus planetas.

JÁ PAROU PARA PENSAR...

COMO OS PLANETAS FORAM NOMEADOS?
Quase todos os planetas foram nomeados pelos primeiros astrônomos, há muito tempo, e receberam nomes de antigos deuses romanos e gregos.

AS LUAS

AS LUAS TÊM VÁRIOS FORMATOS E TAMANHOS

A maioria dos planetas tem luas – apenas Mercúrio e Vênus não têm lua. Marte tem duas luas pequenas em forma de batata. A Terra tem uma, que é quase cem vezes mais larga do que as duas luas de Marte somadas. Júpiter tem dezesseis, e três delas são maiores que a Lua da Terra.

Europa, uma das luas de Júpiter, observada pela espaçonave Juno, enquanto orbita o planeta.

As luas não produzem luz própria

A Lua da Terra funciona como um grande espelho, refletindo a luz do Sol em nossa direção. Ao longo dos 29,3 dias que a Lua leva para orbitar a Terra uma vez, conseguimos ver diferentes quantidades de sua metade iluminada pelo Sol. É por isso que parece que ela muda: de crescente para cheia, minguante e nova.

INCRÍVEL!

Na Lua, é possível ser um excelente atleta de salto em altura. A gravidade da Lua é muito mais fraca que a da Terra. Isso significa que, na Lua, você pesaria apenas cerca de um sexto do seu peso na Terra – e seria capaz de pular seis vezes mais alto!

JÁ PAROU PARA PENSAR...

O QUE É A LUA DA COLHEITA?

É a lua cheia e brilhante que ocorre antes do início do outono. Antigamente, antes da era da eletricidade, os agricultores dependiam do luar para colher as suas plantações até altas horas da noite – daí o nome lua da colheita.

A lua da colheita paira enorme e brilhante no céu.

Não há vida na nossa Lua

Mas pode haver água congelada nas rochas perto dos seus polos. A superfície, que é um deserto empoeirado e sem vida, sem ar ou água líquida, é coberta por planícies amplas e retas e altas cadeias de montanhas.

A SUPERFÍCIE DA LUA ESTÁ MARCADA POR CRATERAS

A Lua está a 384.400 quilômetros de distância. Mas, com um par de binóculos potentes, podemos ver a superfície da Lua com tanta clareza que é possível distinguir crateras individuais, onde enormes rochas espaciais se chocaram contra a sua superfície.

Crateras na superfície da Lua.

A TERRA

A Terra, vista do espaço.

VISTA DO ESPAÇO, A TERRA PARECE UMA LINDA BOLA AZUL

Essa cor vem dos oceanos, que cobrem quase três quartos da superfície do nosso planeta. Você também pode ver grandes manchas de terra marrom-esverdeada e um véu rodopiante de nuvens brancas. À noite, é possível avistar algumas cidades iluminadas com luzes cintilantes.

Pôr do sol em Santorini.

Até onde sabemos, a Terra é o único planeta com vida no nosso Sistema Solar

Ao longo de milhões de anos, à medida que a Terra esfriou após o Big Bang, formaram-se oceanos e produziu-se oxigênio. O ar, a água e o calor do Sol geraram condições ideais para as primeiras formas de vida surgirem e começarem a prosperar.

INCRÍVEL!

É magnético! No centro da Terra há um núcleo de metal fundido, chamado ferro, o que significa que o nosso planeta funciona como um ímã gigante. Como todos os ímãs, ela possui polos norte e sul magnéticos. É assim que uma bússola, que também é magnética, indica a direção: sua agulha sempre indicará o norte da Terra, não importa onde a bússola esteja localizada.

20

A Terra está a uma distância perfeita do Sol

É por isso que existe vida em nosso planeta. Se estivesse mais perto, a água líquida, que é um dos principais ingredientes da vida, evaporaria, e nós queimaríamos com o calor. Se estivesse mais longe, morreríamos congelados.

Amanhece na região da Terra que gira em direção à luz solar.

O tempo que levaria para caminhar ou voar (em um foguete a 40.000 km/h) até o Sol.
2.600 anos
Terra — 150.000.000 km — Sol
156 dias

O DIA E A NOITE SE FORMAM PORQUE A TERRA GIRA

Ao orbitar o Sol, a Terra, como todos os outros planetas, gira em torno de seu eixo como um pião. Quando uma parte do planeta está voltada para o lado oposto ao Sol, ela não recebe luz e dizemos que anoiteceu. Ao mesmo tempo, o lado oposto, agora voltado para o Sol, está à luz do dia.

JÁ PAROU PARA PENSAR...

QUANTOS ANOS TEM A VIDA NA TERRA?

Existe vida na Terra há cerca de 3,5 bilhões de anos.

As algas foram uma das primeiras formas de vida na Terra.

MERCÚRIO E VÊNUS

MERCÚRIO É O MENOR PLANETA DO SISTEMA SOLAR

Ele se parece muito com a nossa Lua. Mais ou menos do mesmo tamanho, Mercúrio é igualmente coberto por crateras, onde pedaços de rocha espacial caíram em sua superfície. Assim como a nossa Lua, ele também possui enormes planícies, colinas, desfiladeiros profundos, abismos e penhascos.

É bem quente!

Embora não seja o planeta mais quente, com certeza é escaldante! Mercúrio não tem ar e quase nenhuma atmosfera, o que significa que não há nuvens para proteger a superfície do Sol escaldante durante o dia ou para manter o calor à noite. Lá também não tem vento nem chuva.

Mercúrio

Quando olhamos assim, podemos ver que Vênus é bem maior que Mercúrio.

A superfície de Mercúrio é semelhante à da nossa Lua.

Vênus nasce no céu noturno.

Vênus brilha como uma estrela

Apesar de ser um planeta, Vênus é às vezes chamado de "estrela da tarde", porque é o primeiro e mais brilhante ponto de luz a ser visto brilhando no céu à medida que escurece. É claro que os planetas não produzem a própria luz; Vênus reflete a luz do Sol da mesma forma que as luas.

Vênus

VÊNUS É MAIS QUENTE

Vênus tem temperaturas abrasadoras de 500 °C – quase 1,5 vez mais quente que Mercúrio e mais de oito vezes mais quente que o lugar mais quente da Terra. Isso ocorre porque Vênus está coberto por nuvens densas de dióxido de carbono pesado, que agem como um cobertor, mantendo o calor na parte de dentro.

Os cientistas acreditam que existem antigos fluxos de lava em Vênus.

INCRÍVEL!

Vênus gira bem devagar em torno de seu eixo, então um dia no planeta demoraria 243 dias terrestres. Por outro lado, são necessários apenas 225 dias terrestres para dar uma volta ao redor do Sol. O que significa que um dia de Vênus é mais longo que um ano de Vênus!

JÁ PAROU PARA PENSAR...

QUAL É O PLANETA MAIS RÁPIDO DO SISTEMA SOLAR?

Mercúrio gira em torno do Sol a 172.189 km/h em apenas 88 dias. É o grande campeão, sem dúvida.

23

MARTE

MARTE RECEBEU O NOME DO DEUS ROMANO DA GUERRA PORQUE PARECE SER VERMELHO, A COR DO SANGUE

A cor vem de seus desertos com cor de ferrugem, porque o solo é rico em ferro e rochas cobrem a maior parte de sua superfície. Assim como a Terra, o planeta tem calotas polares e nuvens na sua atmosfera, além de padrões climáticos como as nossas estações do ano, vulcões, desfiladeiros e outras características naturais semelhantes.

Marte e suas luas, Deimos e Fobos.

Pode haver água líquida em Marte

Na Terra, onde há água, há vida. As missões espaciais a Marte revelam que o seu polo sul tem uma cobertura de gelo seco (gás dióxido de carbono congelado), e abaixo dela existe água gelada. Por outro lado, é possível ver gelo na superfície do polo norte de Marte. Embora os astronautas ainda não tenham encontrado água líquida, eles descobriram restos de lagos de água doce.

INCRÍVEL!

O Monte Olimpo de Marte é o maior vulcão do Sistema Solar. Tem quase 25 quilômetros de altura – quase três vezes mais que o Monte Everest, o pico mais alto da Terra!

O planeta vermelho tem um céu rosa nebuloso com duas luas

As duas pequenas luas de Marte são chamadas Deimos e Fobos. Elas podem ter sido asteroides (rochas espaciais) que Marte capturou com a sua gravidade. Ao contrário da nossa Lua, Deimos e Fobos não são redondas e se parecem mais com batatas assadas!

A possível aparência de Marte há quatro bilhões de anos.

MARTE E A TERRA ERAM SEMELHANTES EM ALGUNS ASPECTOS HÁ BILHÕES DE ANOS

Embora nenhuma evidência de vida tenha sido encontrada em Marte, as missões sugerem que Marte já teve rios de água fluindo em algum momento de sua história, o que pode indicar que houve vida. É possível que haja restos fossilizados de bactérias microscópicas enterradas no subsolo.

JÁ PAROU PARA PENSAR...

SERES HUMANOS MORANDO NO ESPAÇO É FICÇÃO CIENTÍFICA?

Existem planos para enviar astronautas a Marte até a metade da década de 2030 com o intuito de verificar se é possível construir bases espaciais para cientistas e exploradores.

Como seria uma base humana em Marte.

25

OS GIGANTES GASOSOS

Netuno

SE UMA ESPAÇONAVE TENTASSE POUSAR NESSES PLANETAS, ELA AFUNDARIA!

Isso ocorre porque Júpiter, Saturno, Urano e Netuno são formados apenas por gás. Todos eles são planetas bem grandes, mas eles não têm superfície sólida.

Júpiter e a Grande Mancha Vermelha à esquerda.

Cada um dos gigantes é único

Júpiter é tão grande que todos os outros planetas do Sistema Solar poderiam se espremer dentro dele. Ele também gira tão rápido que um dia e uma noite em Júpiter duram menos de dez horas terrestres. Mais de cem Terras caberiam nos sete anéis espetaculares de Saturno, mas o planeta é tão leve que flutuaria na água. Netuno e Urano têm uma cor verde-azulada distinta, resultado do fedorento gás metano contido em suas atmosferas. Urano tem ao menos 27 luas – pelo menos são essas que conhecemos!

JÁ PAROU PARA PENSAR...

POR QUE SATURNO TEM ANÉIS SEMELHANTES A BAMBOLÊS?

Na verdade, todos os gigantes gasosos têm anéis girando em torno de seu centro. Os anéis de Júpiter e Netuno são feitos principalmente de poeira espacial, mas os anéis de Saturno e Urano são mais grossos, com pedaços de gelo e rocha.

Urano

ALGO EM URANO ESTÁ FORA DE SINCRONIA

Urano está inclinado e gira de lado ao redor do Sol. Como resultado, os seus polos são os locais mais quentes do planeta e o verão no polo sul dura 42 anos!

Saturno

INCRÍVEL!

Uma enorme tempestade giratória em Júpiter está ocorrendo há trezentos anos! Abrange uma área grande o suficiente para acomodar dois planetas Terra. Bem visível na superfície do planeta, ela é conhecida como Grande Mancha Vermelha.

27

MUNDOS FRIOS E VENTOSOS

NÃO HÁ MUNDO MAIS FRIO DO QUE ESTE

A quase 4,5 bilhões de quilômetros do Sol, Netuno é o oitavo planeta e o mais distante. No entanto, não é o planeta mais frio. Esse prêmio pertence a Urano, o sétimo planeta, que orbita o Sol a uma distância de cerca de 2,9 bilhões de quilômetros. A temperatura neste mundo congelado é de -228 °C.

PLUTÃO E CARONTE SÃO O ÚNICO SISTEMA PLANETÁRIO DUPLO DO NOSSO SISTEMA SOLAR

Plutão tem cinco luas, e a maior, Caronte, tem metade do tamanho de Plutão. É a única lua tão grande em relação ao seu corpo-mãe. As mesmas superfícies de Caronte e Plutão estão sempre voltadas uma para a outra, uma situação chamada acoplamento de marés. Caronte orbita Plutão a cada 6,4 dias terrestres.

Caronte

INCRÍVEL!

Tritão, a lua de Netuno coberta de gelo, ao mesmo tempo que impede que parte do frio chegue ao planeta, aguenta firme as condições congelantes. Ela registra uma temperatura mínima de -200 °C – apenas a 50 °C de ser a temperatura mais baixa possível em todo o Universo!

JÁ PAROU PARA PENSAR...

QUAL SERIA O TAMANHO DE UM PLANETA-ANÃO?

Com quase 2.370 quilômetros de diâmetro, Plutão é bem menor que o Brasil!

Plutão

Quatro fotos de Netuno tiradas pelo Telescópio Espacial Hubble, com quatro horas de intervalo.

Plutão leva 248 anos terrestres para orbitar o Sol uma vez

Isso mostra a que distância o planeta-anão está do Sol. A órbita de Plutão tem um formato engraçado e, durante vinte anos de sua órbita, ele chega mais perto do Sol do que Netuno, perdendo sua posição como o mais distante do Sol.

Os ventos atravessam Netuno o tempo todo

Eles sopram a uma velocidade seis vezes maior que a dos furacões mais poderosos da Terra. Os polos norte e sul de Netuno, bem como os polos de sua maior lua, Tritão, estão cobertos de nitrogênio congelado, que se parece com neve rosa.

Tritão

COMETAS E ESTRELAS CADENTES

BOLAS DE NEVE NO ESPAÇO?

Na verdade, os cometas só parecem bolas de neve enormes e sujas. Feitos de gelo e poeira de rocha, eles são encontrados principalmente nas bordas do Sistema Solar. Os cometas orbitam o Sol, assim como os planetas, mas as suas trajetórias são muito mais alongadas. Quando um cometa se aproxima o suficiente do Sol para que o calor faça a sua superfície gelada ferver, os gases e a poeira fluem atrás dele, como uma cauda que se estende por muitos quilômetros e se afasta do Sol.

PEQUENOS OBJETOS ROCHOSOS, MENORES QUE PLANETAS, TAMBÉM ORBITAM O SOL

Esses corpos, chamados asteroides, tendem a se esconder no que é conhecido como o principal cinturão de asteroides entre Marte e Júpiter. Mas eles também podem ser encontrados em outros locais do Sistema Solar. Às vezes, um asteroide colide com outro. Os pedaços resultantes são chamados de meteoroides.

Asteroides

Uma pintura da passagem do cometa Halley em 1835.

COMO SERIA VER UM COMETA?

O cometa mais famoso é o Cometa Halley, que passa pela Terra a cada 76 anos. Medindo catorze por oito quilômetros, ele é lindo de se admirar enquanto voa pelo céu. A próxima vez que ele será visível da Terra será em 2061.

"Estrelas" podem cair do céu

Os meteoroides entram na atmosfera da Terra e se quebram em pequenos pedaços do tamanho de uma ervilha. Eles se transformam em pó enquanto mergulham no ar ao redor da Terra, parecendo fogos de artifício cruzando o céu noturno. Apesar de serem chamados popularmente de "estrela cadente", o nome correto para se referir a eles é meteoros.

Um dos meteoros mais brilhantes da mágica chuva de meteoros Perseidas foi visto em um observatório no Chile.

INCRÍVEL!

Às vezes, muitos meteoroides entram na atmosfera da Terra ao mesmo tempo e podem ser vistos como uma chuva de meteoros. Algumas chuvas acontecem na mesma época todo ano, como a chuva de meteoros Perseidas, em agosto. Pode ser bem divertido ver uma chuva de meteoros, então anote a data.

O cometa Hale-Bopp atravessa o céu da Croácia.

31

QUANDO AS ESTRELAS MORREM

Uma anã branca

ALGUMAS ESTRELAS DESAPARECEM COM UM ESTRONDO

Existem várias estrelas que são muito maiores que o nosso Sol – até mil vezes maiores e com muito mais combustível. Mas, depois de arderem por bilhões de anos, chega uma hora em que todas as estrelas ficam sem combustível. De modo geral, quanto maior a estrela, mais curta será sua vida e mais rápido ela morrerá. As maiores estrelas, as supergigantes, desaparecem com um estrondo, numa explosão chamada supernova.

Outras se tornam gigantes vermelhas

Nem todas as estrelas fazem muito barulho ao se apagarem. Algumas delas, quando começam a ficar sem combustível, incham... E crescem... E crescem. Estrelas de tamanho médio, como o nosso Sol, podem tornar-se até cem vezes maiores. Essas enormes estrelas são chamadas de gigantes vermelhas.

Uma estrela gigante em chamas.

Gigantes vermelhas tornam-se anãs brancas

Depois de uma gigante vermelha consumir todo o seu gás, ela encolhe e pode se tornar até 10 mil vezes menor. Ela se torna uma anã branca. Apesar de ser bem menor, a estrela ainda continua sendo muito quente.

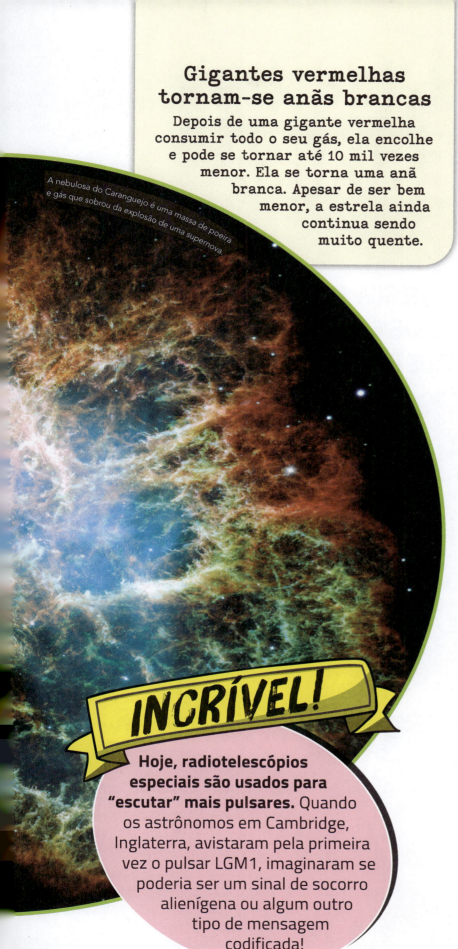

A nebulosa do Caranguejo é uma massa de poeira e gás que sobrou da explosão de uma supernova.

A mancha azul no centro do anel vermelho é uma estrela de nêutrons, em uma galáxia vizinha.

HÁ TAMBÉM OS "HOMENZINHOS VERDES"

Nas profundezas do espaço existem pulsares, restos de supernovas. Também conhecidas como LGM ("Little Green Men", homenzinhos verdes), pulsares são estrelas de nêutrons minúsculas e densas que giram muito rápido. Algumas fazem uma rotação a cada quatro segundos, outros giram cem vezes em um único segundo. À medida que giram, eles pulsam sinais de rádio de alta energia captados por instrumentos na Terra.

INCRÍVEL!

Hoje, radiotelescópios especiais são usados para "escutar" mais pulsares. Quando os astrônomos em Cambridge, Inglaterra, avistaram pela primeira vez o pulsar LGM1, imaginaram se poderia ser um sinal de socorro alienígena ou algum outro tipo de mensagem codificada!

JÁ PAROU PARA PENSAR...

QUANTA LUZ UMA SUPERNOVA GERARIA?

Uma supernova pode ser bilhões de vezes mais brilhante que o Sol, sendo capaz de ofuscar uma galáxia inteira.

33

BURACOS NEGROS, MATÉRIA ESCURA

QUANDO UMA ESTRELA GIGANTESCA ENTRA EM COLAPSO E MORRE, A ÁREA QUE ELA OCUPAVA NO ESPAÇO FORMA UM GRANDE BURACO NEGRO

A força da gravidade em um buraco negro é tão forte que suga tudo. Nada pode escapar desse puxão, nem mesmo a luz. Como os feixes de luz não conseguem escapar, os buracos negros nunca tinham sido vistos, nem mesmo com o telescópio mais poderoso já fabricado – pelo menos até há pouco tempo. Em 2019, a primeira imagem de um buraco negro foi capturada por uma rede de radiotelescópios chamada Event Horizon Telescope.

Um buraco negro sugaria você como um redemoinho.

JÁ PAROU PARA PENSAR...

COMO VOCÊ PODERIA EVITAR UM BURACO NEGRO?

Não é possível ver um buraco negro, então seria muito difícil evitá-lo. Além disso, se você chegasse perto dele, seria sugado para dentro, semelhante à forma como a água é sugada pelo ralo.

Se algo não pode ser visto, não significa que não esteja lá

Ao observar e medir como as galáxias se movem, os cientistas são capazes de adivinhar quanta matéria existe no Universo. Eles podem descobrir que há muito mais no Universo do que aparenta! Estrelas e planetas são apenas uma pequena parte do Universo.

O aglomerado de galáxias Abell 1689, onde se acredita ter sido detectada a presença de matéria escura.

MATÉRIA ESCURA É TUDO AQUILO QUE OS CIENTISTAS SABEM QUE EXISTE NO UNIVERSO, MAS NÃO CONSEGUEM ENCONTRAR

É superintrigante, ainda mais porque, mesmo sem ter como realmente "ver" a matéria escura, os cientistas são capazes de identificar de que ela é feita. Eles acham que pode ser constituída de minúsculas partículas fantasmagóricas, chamadas neutrinos.

A primeira imagem de um buraco negro foi revelada em 2019. Ele fica no centro de uma galáxia chamada Messier 87.

INCRÍVEL!

Nos últimos momentos, antes de você desaparecer para sempre em um buraco negro, os cientistas acham que a força da gravidade seria tão forte que você seria esticado até ficar em pedaços. Em termos científicos, você ficaria "espaguetificado"!

NOSSO PLANETA AZUL

ESTA É NOSSA TERRA

A TERRA TEM MILHÕES E MILHÕES DE ANOS

Os cientistas imaginam que o planeta Terra tenha sido formado há cerca de 4,6 bilhões de anos. No início, não passava de uma nuvem gigante de gás quente e poeira. Ao longo de bilhões de anos, essa nuvem encolheu e esfriou, formando uma enorme bola, ligeiramente comprimida nas partes superior e inferior.

A volta ao mundo seria uma longa caminhada.

INCRÍVEL!

A Terra pesa impressionantes 5.972.190.000.000.000.000.000.000 quilos! Andar pelo meio da Terra, na linha do equador, onde ela é maior, levaria quase um ano, mas só se você não parasse. No final, você teria caminhado cerca de 40.075 quilômetros.

É uma bola feita de quatro camadas de metal e rocha

O núcleo interno no centro é uma esfera sólida de ferro e níquel. Ao redor dele está um núcleo externo feito de ferro líquido e níquel. Uma camada quente e viscosa, um pouco como caramelo pegajoso, feita de rocha derretida, envolve o núcleo externo. Este é o manto, a mais espessa das quatro camadas. No manto flutua a crosta, a superfície dura e rochosa em que vivemos.

JÁ PAROU PARA PENSAR...

COMO É O CENTRO DA TERRA?

É incrivelmente quente nas profundezas da Terra – cerca de 4.500 °C. Isso é vinte vezes mais quente que o forno mais quente.

A TERRA JÁ FOI IMPRÓPRIA PARA QUALQUER FORMA DE VIDA

Durante os primeiros bilhões de anos após a formação do planeta, as condições não eram adequadas para a vida. A Terra era um lugar hostil, extremamente quente, com vulcões expelindo gases e lava. Não havia plantas ou animais de nenhum tipo. A vida começou há cerca de 3,8 bilhões de anos.

A atividade vulcânica é um lembrete do calor que ferve sob a crosta terrestre.

39

A ATMOSFERA

A ATMOSFERA É UMA FINA CAMADA DE AR QUE SE ESTENDE POR CERCA DE QUINHENTOS QUILÔMETROS ACIMA DA SUPERFÍCIE DA TERRA

É composta de muitos gases, sendo os mais importantes o nitrogênio e o oxigênio. A atmosfera fica mais fina à medida que você se afasta da superfície da Terra. É por isso que os montanhistas precisam transportar oxigênio quando escalam picos altos. O espaço começa onde termina a atmosfera da Terra.

UMA CAMADA DE OZÔNIO NA ATMOSFERA ATUA COMO PROTETOR SOLAR

O gás ozônio forma uma fina camada, de quinze a trinta e cinco quilômetros acima do solo. Ela nos protege dos efeitos nocivos dos raios ultravioleta do Sol, que podem danificar os olhos, causar doenças como o câncer de pele e afetar gravemente a vida das plantas na Terra.

A camada de ozônio
ESTRATOSFERA
CAMADA DE OZÔNIO
TROPOSFERA
TERRA

A atmosfera protege a Terra de queimar, bloqueando alguns raios do Sol.

A
5% absorvidos

JÁ PAROU PARA PENSAR...

A CAMADA DE OZÔNIO PODE SER DANIFICADA?

Sim, já existem buracos na camada de ozônio, devido aos efeitos nocivos dos gases liberados pela indústria e outras atividades humanas. O buraco principal está acima do Polo Sul. Os cientistas estão trabalhando arduamente para conter e reduzir os danos.

Buraco na camada de ozônio no Polo Sul causado por fábricas que expelem fumaça.

A vida na Terra depende da atmosfera

A atmosfera afeta os padrões climáticos e as condições climáticas. Ela também protege a Terra de ser atingida por meteoroides, a maioria dos quais queima ao entrar na atmosfera.

B
95% absorvidos

A atmosfera tem muitas camadas.

Exosfera (700 – 10.000 km)
Termosfera (80 – 700 km)
Mesosfera (50 – 80 km)
Estratosfera (12 – 50 km)
Troposfera (0 – 12 km)
Camada de ozônio

Satélite   Meteoros   Nuvens   Nave espacial

INCRÍVEL!

À medida que a luz solar passa pela atmosfera, ela se desintegra e se dispersa. Algumas cores – violeta, anil, azul e verde – estão mais espalhadas do que outras e se misturam para tornar o céu azul. Ao pôr do sol ou ao nascer do sol, quando ele está baixo e a luz solar tem que viajar mais longe na atmosfera para chegar até nós, o amarelo, o laranja e o vermelho estão mais espalhados, resultando em um céu laranja ardente.

41

O CHÃO SOB NOSSOS PÉS

DE TODAS AS CAMADAS DA TERRA, APENAS A CROSTA ABRIGA VIDA

A superfície da Terra, a crosta, é formada por rochas e minerais e varia em espessura. Em terra firme, pode atingir quarenta quilômetros de espessura. Sob o fundo do mar, diminui em alguns lugares para até oito quilômetros. É extraordinário pensar que nem uma única forma de vida tenha sido encontrada em qualquer lugar do Universo conhecido até agora, exceto na crosta terrestre.

INCRÍVEL!

Há bilhões de anos, antes de assumirem as posições atuais, todos os continentes estavam unidos como uma grande massa de terra. Eles ainda continuam a flutuar quase quatro centímetros por ano.

Manto superior

Crosta

Núcleo interno

Núcleo externo

Manto inferior

As dobras nas rochas duras indicam a pressão sob a qual se formaram.

JÁ PAROU PARA PENSAR...

O QUE HÁ NA PARTE SUPERIOR E INFERIOR DA TERRA?

Embora a Terra seja redonda, dizemos que os Polos Norte e Sul ficam em cada extremidade. O Polo Norte é cercado pelo congelado Oceano Ártico. O Polo Sul fica no meio da gelada Antártica. Eles são os lugares mais frios da Terra.

A CROSTA TERRESTRE ESTÁ QUEBRADA EM PEDAÇOS CONHECIDOS COMO PLACAS TECTÔNICAS

As placas são visíveis como massas terrestres e existem sob os oceanos. As sete maiores são as placas africana, antártica, euroasiática, norte-americana, sul-americana, indo-australiana e do Pacífico. Essas e outras placas menores estão sempre em movimento, flutuando bem lentamente no manto da Terra. Esse movimento formou os continentes, oceanos e montanhas, e provoca terremotos e erupções vulcânicas.

Uma ruptura na superfície de uma das placas tectônicas da Terra.

As rochas da crosta terrestre são formadas de maneiras diferentes

Algumas rochas são empurradas para o subsolo, onde o calor e a pressão as transformam em rochas metamórficas. Outras, chamadas rochas ígneas, esfriam e endurecem depois de saírem de vulcões em erupção. Também há outras rochas, chamadas sedimentares, formadas quando minerais e partículas orgânicas, como grãos de areia ou conchas, são pressionados em camadas ao longo do tempo.

TERREMOTOS ESTRONDOSOS

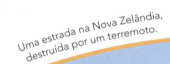
A pressão puxa a crosta em diferentes direções, causando movimento.

ÀS VEZES, DOIS PEDAÇOS DA CROSTA TERRESTRE SE EMPURRAM UM CONTRA O OUTRO, COLIDEM-SE OU SE SEPARAM, FAZENDO A TERRA TREMER

As placas que constituem a crosta terrestre estão constantemente à deriva na rocha derretida embaixo delas. Esse movimento constante pressiona a crosta terrestre, causando rachaduras, chamadas falhas. A cidade de São Francisco, nos Estados Unidos, fica sobre a falha de San Andreas e é por isso que lá ocorrem centenas de terremotos por ano.

Uma estrada na Nova Zelândia, destruída por um terremoto.

Devastação de um terremoto.

O TERREMOTO MAIS LONGO JÁ REGISTRADO DUROU QUATRO MINUTOS

No entanto, a maioria dos terremotos dura menos de um minuto. Apesar de terem vida relativamente curta, os terremotos causam danos tremendos. Enormes rachaduras se abrem no chão. Casas, estradas e pontes tremem e caem. Nos piores terremotos, muitas pessoas são feridas e mortas pelos edifícios que desabam sobre elas.

COMO OS CIENTISTAS MEDEM UM TERREMOTO?

Os cientistas medem as ondas de choque que ondulam no solo quando ocorre um terremoto e as classificam em uma escala de 1 a 10. Cada ponto na escala marca tremores trinta vezes piores que o anterior.

Os tremores de um terremoto são medidos por um instrumento chamado sismógrafo.

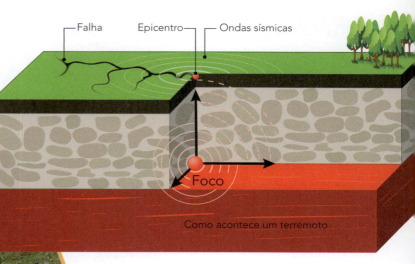

Como acontece um terremoto

INCRÍVEL!

Quando o subcontinente indiano colidiu com o continente asiático, a força da colisão criou a cordilheira do Himalaia e alguns dos picos mais altos do mundo. A cordilheira continua crescendo, empurrada para cima pelo subcontinente, que continua se deslocando para o norte, avançando para a Ásia.

Os tremores podem ser sentidos de longe

O local onde começa um terremoto é chamado de epicentro; é onde o chão treme com mais força. Tremores mais fortes no epicentro empurram o impacto do terremoto para uma área mais ampla. As vibrações de um terremoto irradiam-se com tanta força que podem ser sentidas a centenas, até milhares, de quilômetros de distância.

45

CAVERNAS MISTERIOSAS

Uma caverna como esta poderia levar milhares de anos para se formar.

CAVERNAS PODEM SER TÃO GRANDES QUANTO CATEDRAIS

Há muitos lugares em todo o mundo onde, ao longo de milhares de anos, foram escavadas enormes câmaras no subsolo. Alguns podem ser tão grandes quanto catedrais. Quando os túneis conectam várias câmaras, cria-se um incrível complexo subterrâneo.

JÁ PAROU PARA PENSAR...

QUAIS SÃO AS PROTUBERÂNCIAS ROCHOSAS LONGAS E PONTIAGUDAS DENTRO DAS CAVERNAS?

Elas são chamadas de estalagmites e estalactites e são formadas por minerais depositados pelo gotejamento de água. As estalactites aderem firmemente ao teto e crescem para baixo. As estalagmites crescem do chão, geralmente onde caem as gotas das extremidades das estalactites. Às vezes as duas se encontram e formam uma coluna. A estalagmite mais alta do mundo tem 32 metros de altura. Isso equivale a pelo menos dezoito pessoas!

Estalagmites geladas surgem do chão de um complexo de cavernas.

Demora muitos anos para escavar até mesmo uma pequena caverna

Quando chove, forma-se uma solução ácida fraca quando a chuva se mistura com o dióxido de carbono da atmosfera. Ela escorre pelas rachaduras no solo, corroendo lentamente as rochas. Pode levar até 100 mil anos para que esse processo crie uma caverna grande o suficiente para caber uma pessoa.

Cavernas escavadas em penhascos pela água.

CAVERNAS PODEM SER FORMADAS POR LAVA, GELO E ONDAS

Complexos interessantes são formados de várias maneiras: por exemplo, quando a superfície externa de um fluxo de lava subterrâneo esfria e endurece, a rocha derretida em seu interior flui, deixando para trás uma caverna em forma de tubo. Nas geleiras, a água derretida abre túneis e cavernas à medida que começa a fluir. Os penhascos na orla da costa podem ser pontilhados de cavernas onde as ondas os penetraram.

Explorando um complexo de cavernas.

INCRÍVEL!

Espeleólogos são pessoas que gostam de explorar cavernas e túneis. Eles descem por cordas ou escadas até o subsolo escuro, úmido e frio. Às vezes, essas cavernas podem estar submersas ou ser grandes o suficiente para uma pessoa passar.

47

MONTANHAS IMPONENTES

UMA MONTANHA DEVE TER PELO MENOS TREZENTOS METROS DE ALTURA

Os geólogos (pessoas que estudam a Terra e sua composição) dizem que, para um relevo ser classificado como montanha, ele deve ser pelo menos trezentos metros mais alto do que a paisagem circundante. Uma montanha geralmente tem encostas íngremes e o ponto mais alto de uma montanha é chamado de pico ou cume. As colinas são menores e menos íngremes. Uma série, ou cadeia, de montanhas que se agrupam é chamada de cordilheira.

A colina Parkhouse Hill, na Inglaterra, é minúscula comparada ao Monte Everest!

Monte Everest, no Himalaia.

Formação de montanhas de blocos
Um bloco elevado é chamado de Horst e um vale deprimido, de Graben.

JÁ PAROU PARA PENSAR...

POR QUE ALGUNS TOPOS DE MONTANHAS ESTÃO SEMPRE COM NEVE?

Quanto mais você sobe uma montanha, mais rarefeito fica o ar (há menos ar). A atmosfera, que no solo é como um cobertor confortável de proteção, fica como um tecido bem frouxo, e sua capacidade de absorver e reter o calor do Sol diminui. Então, no topo de uma montanha alta, faz um frio congelante, e o gelo e a neve nunca derretem.

É PRECISO MUITA FORÇA PARA FORMAR UMA MONTANHA

As montanhas podem ser formadas de várias maneiras. Quando pedaços da crosta terrestre colidem uns com os outros, eles comprimem a rocha em dobras gigantescas. Montanhas formadas assim, como a cordilheira do Himalaia, são as mais altas do mundo. Às vezes, a pressão de duas placas empurrando uma contra a outra força enormes pedaços de rocha para cima e para baixo, formando montanhas de blocos. Quando as placas continuam empurrando por muito tempo sem parar, a crosta forma uma cúpula ou um planalto, que não é tão alto. Quando a rocha derretida nas profundezas da Terra rompe a crosta e se acumula sobre si mesma, ela forma o que é conhecido como montanhas vulcânicas.

INCRÍVEL!

A montanha mais alta, medida de cima a baixo, é Mauna Kea, um vulcão inativo na ilha do Havaí, no Oceano Pacífico. Mauna Kea tem 10.203 metros de altura, embora se eleve apenas 4.205 metros acima do mar. O cume do Monte Everest, com 8.850 metros, é o ponto mais alto da Terra.

49

VULCÕES DE FOGO

NAS PROFUNDEZAS DA TERRA, EXISTE ROCHA DERRETIDA, EM BRASA E LÍQUIDA, CHAMADA MAGMA

Quando o magma descobre uma abertura na superfície da Terra, ele explode em uma erupção espetacular, lançando cinzas ardentes, gás e rocha líquida para o alto; ou escorre como rios de lava (lava é o nome dado ao magma quando atinge a superfície da Terra). À medida que esfria, a lava se transforma em rocha dura e preta.

Todo continente tem vulcões

Existem vulcões em todo o mundo – mesmo no frio cortante da Antártica! A maioria dos vulcões se forma ao longo dos limites das placas tectônicas. À medida que se deslocam sem parar, triturando, batendo e colidindo entre si, elas criam pontos fracos onde o magma pode entrar em erupção.

INCRÍVEL!

Quase 75% dos vulcões ativos do mundo estão localizados no "Anel de Fogo". Esta zona em forma de ferradura tem 40 mil quilômetros de extensão e cobre uma grande área, desde o extremo sul da América do Sul até a costa oeste da América do Norte, passando pelo Mar de Bering até o Japão e descendo até a Nova Zelândia.

ALGUNS VULCÕES ESTÃO DORMINDO

Os vulcões podem estar ativos, dormentes ou extintos. Vulcões ativos entraram em erupção recentemente ou devem entrar em erupção em um futuro próximo. Vulcões extintos são aqueles que entraram em erupção pela última vez há muito tempo e não é esperado que entrem em erupção novamente – embora possam nos surpreender. Dormente é o nome dado aos vulcões quando ninguém sabe ao certo qual é o seu estado! Eles não entram mais em erupção, mas podem estar apenas dormindo e entrar em erupção novamente em algum momento no futuro.

Vulcão Monte Santa Helena, em Washington, Estados Unidos.

O vulcão Tungurahua, no Equador, em erupção.

POR QUE AS PESSOAS ESCOLHEM VIVER PERTO DE VULCÕES?

Muitas pessoas vivem perto de vulcões, embora seja perigoso. As cinzas que saem de um vulcão tornam o solo muito rico e perfeito para plantações.

Uma aldeia perto do vulcão Merapi, na Indonésia.

51

ICEBERGS E GELEIRAS

AS GELEIRAS SÃO ENORMES RIOS DE GELO

Eles se formam nas partes mais altas das montanhas quando a neve se acumula nas depressões da rocha. À medida que a neve se acumula, ela endurece e se transforma em gelo, que começa a deslizar colina abaixo, geralmente alguns centímetros por dia.

JÁ PAROU PARA PENSAR...

E SE UM NAVIO COLIDISSE COM UM ICEBERG?

Icebergs no caminho são muito perigosos para navios e barcos. Em 1912, o transatlântico de luxo Titanic atingiu um iceberg em sua viagem inaugural (primeira viagem), de Southampton a Nova Iorque, e afundou no Oceano Atlântico Norte.

A superfície rachada da geleira Skaftafellsjökull, Islândia.

Iceberg no Oceano Atlântico Norte.

Algumas geleiras cobrem o chão como um lençol

Essas geleiras são chamadas calotas de gelo. Elas se espalham desde o centro em todas as direções, cobrindo tudo. A Antártica e a ilha da Groenlândia estão cobertas por calotas de gelo.

Algumas geleiras fluem diretamente para o mar, onde grandes pedaços que se desprendem flutuam como icebergs.

ICEBERGS SÃO PEDAÇOS QUEBRADOS DE GELEIRAS

Quando uma geleira encontra o mar, sua frente se eleva e flutua na água. O penhasco que forma pode ter até sessenta metros de altura. Ocasionalmente, pedaços gigantes de gelo se soltam das pontas das geleiras e são levados para o mar. Isso é chamado de "parto", e esses pedaços de gelo são chamados de icebergs. Icebergs menores são chamados de blocos de gelo.

As geleiras podem ser lentas, mas são muito poderosas

As geleiras avançam como escavadeiras, carregando consigo quaisquer rochas e pedras que encontram, raspando as laterais das rochas. Eles escavam vales profundos ao longo do caminho. Diferentes partes de uma geleira se movem em velocidades diferentes. Quando a base da geleira encosta no solo, ela desacelera, enquanto o gelo mais alto pode fluir muito mais rápido.

INCRÍVEL!

Apenas cerca de um décimo do iceberg aparece acima da água. O resto fica escondido no mar.

RIOS TURBULENTOS

Rochas e pedras nas margens de um rio jovem.

A MAIORIA DOS RIOS COMEÇA COMO PEQUENOS RIACHOS DE FLUXO RÁPIDO NO ALTO DAS ENCOSTAS DE MONTANHAS

Eles podem fluir de lagos ou escorrer das pontas de uma geleira à medida que ela começa a derreter. Alguns rios começam como nascentes borbulhando no solo. Nascente é o local onde um rio começa, ou nasce.

O rio Li correndo pelas colinas da província de Guangxi, na China.

INCRÍVEL!

O Nilo, no Egito, que corre por 6.695 quilômetros, é o rio mais longo da Terra. No entanto, o rio Amazonas, na América do Sul, que é apenas 294,5 quilômetros mais curto, é o maior rio, transportando sessenta vezes mais água que o Nilo. O Rio D, em Oregon, nos Estados Unidos, é o rio mais curto do mundo, medindo apenas 37 metros, cerca de 180 mil vezes mais curto que o Nilo!

Rios jovens são muito poderosos

À medida que um rio desce colina abaixo desde sua nascente, a força da água rasga suas margens, arrancando rochas e pedras. Eles rolam com a água, escavando vales e desfiladeiros profundos.

As pessoas se estabeleceram e construíram cidades às margens dos rios desde o início dos tempos

Os rios levam muita terra e lama montanha abaixo. Longe das montanhas, os rios fluem lentamente, espalhando-se por terrenos mais planos. Perdendo impulso, eles depositam os detritos no leito do rio, bem como nas planícies ao redor durante as enchentes. Este solo fértil é ideal para a agricultura, e, por isso, os povos sempre se estabeleceram às margens de rios.

Rio Nilo

JÁ PAROU PARA PENSAR...

EXISTEM RIOS SUBTERRÂNEOS?

À medida que escorre para o subsolo, às vezes, a água da chuva pode formar rios que fluem através de cavernas e túneis. No entanto, pouquíssimas pessoas os viram.

MUITA ÁGUA DOS RIOS É RECICLADA

Os rios constituem um elo essencial no ciclo da água. O calor do Sol faz milhões de litros de água do mar evaporarem e se transformarem em vapor de água invisível. O vapor sobe para a atmosfera e esfria, formando nuvens, que flutuam sobre a terra e fazem chuva. A água da chuva flui para os rios, que a levam de volta ao mar, onde ela evapora novamente.

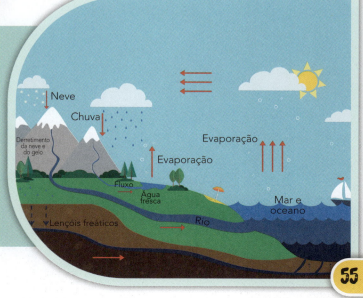

55

COMO A VIDA COMEÇOU

NO INÍCIO

Cadeias de aminoácidos.

HOUVE UM TEMPO EM QUE NÃO HAVIA VIDA NA TERRA

Durante o primeiro bilhão de anos de existência da Terra, não existiam plantas ou animais de qualquer espécie. A Terra era um lugar inóspito, ou seja, onde a vida não era possível.

JÁ PAROU PARA PENSAR...

HÁ QUANTO TEMPO SURGIU A VIDA NA TERRA?

Os primeiros seres vivos conhecidos surgiram nos oceanos há cerca de 3,5 bilhões de anos. É possível que a vida tenha começado antes, mas os cientistas não conseguiram provar isso.

INCRÍVEL!

A vida nasceu em um mundo que parecia muito diferente. Se você pudesse voltar no tempo, pensaria que era um planeta alienígena. O céu era rosa; o mar era vermelho-ferrugem; e a atmosfera estava cheia de gases venenosos.

A vida apareceu pela primeira vez no mar

Os cientistas apresentaram a teoria de que a vida surgiu quando um enorme raio atingiu o mar. Os produtos químicos que existiam no mar reagiram a essa explosão de energia e se misturaram para criar substâncias chamadas aminoácidos. A vida cresceu a partir deles.

Estromatólitos

TUDO COMEÇOU COM BACTÉRIAS

Os primeiros seres vivos foram bactérias de tamanho microscópico. Cada uma delas era uma única unidade viva, chamada célula, e centenas delas caberiam em um ponto tão minúsculo quanto a cabeça de um alfinete. Às vezes, várias camadas dessas minúsculas células se acumulam em águas rasas, criando grandes montes que os cientistas chamam de estromatólitos.

Um raio pode ter desencadeado a vida.

Depois, vieram as algas

Lentamente, algumas bactérias transformaram-se em algas, que eram simples plantas. As algas viviam em massa no mar, como enormes cobertores. Elas produziram oxigênio, o que ajudou a tornar o céu e o mar azuis.

A vida começou na água.

AS PRIMEIRAS FORMAS DE VIDA

AS PRIMEIRAS CRIATURAS VIVAS NÃO TINHAM OSSOS

A vida na Terra evoluiu muito lentamente. As primeiras criaturas marinhas multicelulares que conhecemos só apareceram há cerca de 800 milhões de anos. Eram um pouco parecidas com minhocas e águas-vivas, e não tinham ossos nem conchas.

As primeiras formas de vida multicelulares podem ter sido assim.

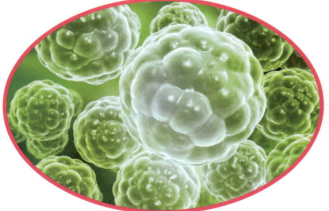

Ilustração de algumas plantas pré-históricas.

AS PLANTAS EVOLUÍRAM NA TERRA ANTES DOS ANIMAIS

Cerca de 440 milhões de anos atrás, a primeira vida na terra apareceu como plantas simples que se pareciam muito com os musgos de hoje. A primeira planta propriamente dita, com raízes e caule, foi a *Cooksonia*, de cerca de 420 milhões de anos atrás. Então, há cerca de 400 milhões de anos, surgiram os primeiros animais terrestres: vermes, aranhas, escorpiões e insetos.

Anomalocaris: um grande predador, parecido com um camarão, que vivia na água e tinha cerca de um metro de comprimento.

Animais marinhos cultivavam conchas e espinhos para proteção

Os primeiros animais marinhos conhecidos com conchas semelhantes a armaduras começaram a aparecer há cerca de 550 milhões de anos. As conchas ajudaram a proteger seus corpos moles do ataque de inimigos. Também foi nessa época que alguns animais marinhos desenvolveram patas.

As libélulas, muito maiores que este descendente moderno, foram os primeiros animais a voar.

Os peixes foram os primeiros a desenvolver espinha dorsal

Há 500 milhões de anos, os peixes apareceram nos oceanos. À medida que evoluíram, tornaram-se os primeiros animais a desenvolver uma espinha dorsal adequada, mas ainda não tinham barbatanas e pareciam girinos. Alguns deles também desenvolveram pulmões, o que significa que podiam respirar ar e viver tanto na água como na terra.

INCRÍVEL!

Os insetos foram os primeiros animais a voar. Os primeiros foram libélulas gigantes, como o Meganeura. Há 300 milhões de anos, existiam libélulas do tamanho de pipas. Algumas criaturas primitivas eram mais longas que o seu braço. Imagine encontrar seres com mil pés e duas vezes mais compridos que uma bicicleta!

JÁ PAROU PARA PENSAR...

COMO CRESCERAM PATAS NOS ANIMAIS?

Alguns dos primeiros peixes começaram a viver em águas rasas, onde era difícil nadar. Eles desenvolveram patas curtas para que pudessem se mover à medida que evoluíam e se adaptavam ao ambiente.

61

TANTO EM TERRA COMO NA ÁGUA

Esqueleto do Acanthostega.

ANIMAIS SURGIRAM COM "VIDA DUPLA"

A palavra "anfíbio" significa "vida dupla" em grego. É fácil perceber por que foi escolhido como rótulo para animais que podem viver tanto na terra como na água. O desenvolvimento dos anfíbios foi um marco na complexidade das formas de vida terrestre. Até então, a vida terrestre consistia em milhões de insetos e vermes sustentados por plantas simples.

INCRÍVEL!

À medida que começaram a se mover fora da água, os anfíbios descobriram novas fontes de alimento abundantes. E o que é melhor: enfrentaram menos predadores em terra. Logo, os anfíbios estavam dominando a terra a tal ponto que este período é chamado de "Era dos anfíbios".

O anfíbio Ichthyostega.

Peixes que andam

Animais com coluna vertebral como o Ichthyostega e o Acanthostega, ancestrais dos anfíbios, apareceram na Terra há cerca de 350 milhões de anos. Eles evoluíram a partir de peixes cujas barbatanas se transformaram em patas. Eles podiam rastejar até a terra, mas ainda tinham guelras que lhes permitiam respirar debaixo d'água.

Os ovos do sapo parecem gelatina.

ESSES ANIMAIS AINDA PRECISAVAM FICAR PERTO DA ÁGUA

Embora pudessem sobreviver em terra, os primeiros anfíbios tinham muitas razões para não se aventurarem muito longe da água. A pele deles ainda era muito macia e precisava ficar úmida. Os ovos dos anfíbios eram gelatinosos e precisavam ser colocados em água para evitar que secassem. Os filhotes também precisavam ficar na água até perderem as guelras e desenvolverem pulmões.

JÁ PAROU PARA PENSAR...

OS ANFÍBIOS AINDA EXISTEM?

Existem muitos anfíbios diferentes no mundo até hoje. Por exemplo, rãs, sapos e salamandras são todos anfíbios.

Os anfíbios atuais ainda se parecem com seus ancestrais.

RÉPTEIS PARECIDOS COM LAGARTOS

HÁ CERCA DE 300 MILHÕES DE ANOS, UM NOVO GRUPO ANIMAL EVOLUIU

Eles eram répteis. Além de serem capazes de viver em terra o tempo todo, eles também conseguiam viver longe da água. A pele deles se tornou seca e escamosa, e uma casca de couro protegia os ovos contra o ressecamento. O pequeno *Hylonomus*, parecido com um lagarto, foi um dos primeiros.

Sarcosuchus

Hylonomus

Os répteis tiveram que aprender a correr rapidamente

O camaleão precisa ser mais rápido que o besouro para fazer dele uma refeição.

Na época em que os répteis evoluíram, a Terra já estava povoada de insetos, o que garantia comida abundante. Mas os insetos eram velozes corredores e os répteis tiveram que aprender a se mover rapidamente para que pudessem pegar a próxima refeição. À medida que os répteis cresciam, eles caçavam e comiam presas maiores, incluindo outros répteis. Havia também aqueles que se limitavam a comer apenas plantas.

INCRÍVEL!

É por uma boa razão que os crocodilos de hoje se parecem muito com os primeiros répteis: um é a evolução do outro. Os cientistas acreditam que o *Sarcosuchus*, um dos primeiros ancestrais do crocodilo, cresceu até atingir enormes onze a doze metros – três vezes mais que os maiores crocodilos de hoje!

JÁ PAROU PARA PENSAR...

COMO OS DINOSSAUROS EVOLUÍRAM?

Os primeiros répteis, como o *Chasmatosaurus*, andavam sobre as quatro patas, mas, com o tempo, alguns répteis se levantaram e começaram a andar sobre as patas traseiras. Depois desses répteis velozes e bípedes, como o *Lagosuchus*, vieram os dinossauros.

Lagosuchus

ALGUNS RÉPTEIS CARREGAVAM "VELAS" NAS COSTAS

Os répteis tinham sangue frio, o que significa que seus corpos dependiam do calor do Sol para aquecê-los. Os cientistas acreditam que as barbatanas em forma de vela nas costas dos répteis, como as do Dimetrodon, funcionavam como painéis solares, absorvendo calor. É possível que as barbatanas também perdessem calor para regular a temperatura corporal. Alguns répteis pré-históricos tinham pelos no corpo para se manterem aquecidos. Estes evoluiriam para mamíferos.

Esqueleto de Dimetrodon.

A ERA DOS DINOSSAUROS

MAIS DE OITOCENTOS TIPOS DE DINOSSAUROS FORAM NOMEADOS

Os dinossauros vieram em muitas formas e tamanhos incríveis. Os cientistas nomearam cerca de 880 tipos, mas havia muitos mais. Eles evoluíram a partir de um grupo chamado "répteis dominantes", que apareceu há cerca de 250 milhões de anos – cerca de 20 milhões de anos antes dos primeiros dinossauros. Alguns cientistas acreditam que *Lagosuchus* (que significa "crocodilo coelho") foi o ancestral de todos os dinossauros.

O Braquiossauro era um dinossauro saurópode, um dos maiores e mais populares. Ele viveu durante o período Jurássico Superior.

JÁ PAROU PARA PENSAR...

EM QUE LUGAR DO MUNDO VIVIAM OS DINOSSAUROS?

Em todos os lugares, mas o planeta era completamente diferente na época dos dinossauros. Os mares, as plantas, os animais e os continentes eram todos diferentes. E não havia pessoas!

INCRÍVEL!

Muitos cientistas acreditam que, há 65 milhões de anos, um pedaço gigantesco de rocha espacial colidiu com a Terra. Levantou enormes nuvens de poeira, que bloquearam o Sol. Na escuridão congelante, as plantas não conseguiam crescer e os dinossauros herbívoros morreram de frio e fome. Assim, sem suas presas herbívoras, os carnívoros morriam de fome.

O Espinossauro tinha "velas" nas costas e viveu na África.

Ovos de dinossauro fossilizados.

Os dinossauros dominaram o mundo por milhões de anos

Esses enormes répteis surgiram há cerca de 230 milhões de anos e desapareceram há 65 milhões de anos. Houve três períodos na história dos dinossauros: Triássico, quando surgiram os primeiros dinossauros; e Jurássico e Cretáceo, quando os dinossauros dominavam a Terra. Eles eram adaptados para a vida em terra, e o fato de andarem com as patas estendidas debaixo do corpo, como fazem os humanos, deu a eles vantagem sobre os outros animais.

OVOS FOSSILIZADOS DE DINOSSAUROS FORAM ENCONTRADOS EM MUITOS LUGARES

Essas enormes criaturas botavam ovos, assim como os répteis e os pássaros fazem hoje. Os ovos tinham apenas cerca de treze centímetros de comprimento. Se fossem maiores, a casca seria grossa demais para os filhotes romperem. Ovos fósseis foram encontrados em todo o mundo. A maioria está vazia, mas alguns ovos contêm ossos fossilizados de bebês dinossauros.

Um pequeno mamífero observa três Parassaurolofos que vagam à beira d'água.

DINOSSAUROS DE TODOS OS TAMANHOS E FORMAS

ELES FORAM OS MAIORES ANIMAIS QUE JÁ ANDARAM NA TERRA

Na era Jurássica, herbívoros gigantes chamados saurópodes se tornaram os maiores animais que já existiram na Terra. Um deles, o Ultrasaurus, pode ter medido trinta metros de comprimento e cerca de dezoito metros de altura, a mesma altura de um prédio de seis andares! O Braquiossauro também era enorme. Com mais de vinte e dois metros da cabeça à cauda, esse dinossauro era quase tão longo quanto uma quadra de tênis e mais pesado que cinco elefantes. Era alto o suficiente para espiar por cima de uma casa de quatro andares!

Imagine um confronto entre um Braquiossauro herbívoro e um Tiranossauro rex!

INCRÍVEL!

Tiranossauro significa "lagarto tirano". Os cientistas escolheram a palavra "rex" ("rei" em latim) porque o T. rex era grande e mau o suficiente para dominar todos os outros: matando e comendo tudo o que desejava. E o Giganotossauro, que significa "lagarto gigante do sul", era outro carnívoro ainda maior que o Tiranossauro!

Os dinossauros comiam tudo; até uns aos outros!

Comedores de carne, como o Alossauro, tinham garras fortes para agarrar suas vítimas, além de mandíbulas poderosas e dentes longos e curvos em forma de adaga para matar e rasgar suas presas.

O Carcarodontossauro tinha o crânio enorme, com 1,5 metro de diâmetro, e mandíbulas cheias de dentes como os de tubarão. O Yunnanosaurus tinha dentes em forma de cinzel para cortar a vegetação resistente. Os diplodocídeos podiam arrancar galhos em segundos, com seus dentes que pareciam lápis. Os herbívoros engoliam pedras, chamadas gastrólitos, para ajudar a triturar matéria vegetal resistente dentro de seu estômago.

Dois Alossauros à espreita.

JÁ PAROU PARA PENSAR...

TODOS OS DINOSSAUROS ERAM GRANDES?

Alguns dinossauros eram minúsculos. O Compsognato não era muito maior que um peru! Ele caçava insetos e lagartos. O Heterodontosaurus e o Lesotossauro, ambos herbívoros, eram igualmente pequenos.

OS CIENTISTAS NÃO TÊM IDEIA DA COR DOS DINOSSAUROS

Ninguém jamais encontrou um fóssil que mostrasse a cor de qualquer dinossauro. Os cientistas acreditam que alguns eram de cores vivas, enquanto outros tinham cores que combinavam com o ambiente que os rodeava – assim como acontece com muitos animais hoje em dia. Também não há como saber que barulhos eles faziam ou como se comportavam.

RÉPTEIS NA ÁGUA

ALGUNS RÉPTEIS VOLTARAM PARA A ÁGUA

Na época em que os dinossauros dominavam a Terra, vários répteis nadavam nos mares. Havia três grupos principais: as tartarugas marinhas, os ictiossauros e os pescoçudos plesiossauros. Os répteis marinhos tinham que emergir para respirar ar, assim como os golfinhos e as baleias fazem hoje.

Mosassauro

ALGUNS RÉPTEIS MARINHOS PARECIAM PEIXES

Os ictiossauros eram répteis nadadores fortes que se pareciam muito com os golfinhos de hoje e podiam respirar ar. Eles provavelmente caçavam em grupos, alimentando-se de peixes e lulas. Os fósseis encontrados indicam que os ictiossauros davam à luz de modo semelhante aos golfinhos.

Ictiossauro

INCRÍVEL!

O Mosassauro era um verdadeiro monstro marinho e o maior lagarto que já existiu. Medindo dez metros e com uma boca enorme, o Mosassauro parecia um dragão. Provavelmente comia tudo o que conseguia capturar.

Fósseis de tartarugas marinhas mostram que eram enormes

O espécime fóssil de um esqueleto de Archelon encontrado em 1970 tinha mais de quatro metros de comprimento e 4,9 metros de largura – maior que um barco a remo. Parecia muito com uma tartaruga marinha atual, com crânio estreito e cauda pontiaguda. Os cientistas acreditam que ele comia águas-vivas.

Archelon

Elasmossauro

Os plesiossauros tinham quatro membros em forma de remo e uma cauda

Eles também eram répteis nadadores. A pequena cabeça do Elasmossauro ficava sobre um pescoço incrivelmente longo que tinha metade do seu comprimento total de treze metros. O Liopleurodonte era um plesiossauro de pescoço curto, mas sua cabeça tinha quase um metro de comprimento. Ele provavelmente se alimentava de mariscos e tartarugas, triturando-os com seus dentes em forma de adaga de dez centímetros de comprimento.

JÁ PAROU PARA PENSAR...

OS GRANDES RÉPTEIS MARINHOS AINDA EXISTEM?

Não. Todos eles morreram há cerca de 65 milhões de anos, ao mesmo tempo que os dinossauros.

RÉPTEIS ALADOS E "DINOPÁSSAROS"

RÉPTEIS VOADORES SE PARECIAM MUITO COM MORCEGOS

Mais ou menos na mesma época em que surgiram os primeiros dinossauros, alguns répteis desenvolveram asas. Esses répteis voadores eram pterossauros, e não dinossauros. A maioria tinha o corpo peludo e asas semelhantes a couro que eram pedaços de pele. O maior pterossauro de todos foi o Quetzalcoatlo. Os cientistas acreditam que suas asas abertas mediam impressionantes quinze metros, a maior envergadura que o mundo já conheceu!

O Quetzalcoatlo era um predador, mas também explorava.

Pterodaustro

JÁ PAROU PARA PENSAR...

OS PÁSSAROS DE HOJE SÃO PARENTES DOS PTEROSSAUROS OU DOS DINOSSAUROS?

Os pterossauros foram extintos há cerca de 65 milhões de anos, ao mesmo tempo que os grandes répteis marinhos. Os pássaros que voam hoje por nossos céus evoluíram dos dinossauros. Da próxima vez que você olhar para um pássaro, pense no seu dinossauro favorito!

Pterossauros poderiam atacar bebês dinossauros

Alguns pterossauros caçavam insetos, enquanto outros mergulhavam no mar para pescar. O Pterodaustro provavelmente peneirou minúsculas criaturas marinhas por meio dos dentes com cerdas de sua mandíbula inferior, da mesma forma que os flamingos fazem hoje. O Dsungaripterus pode ter usado a ponta de seu bico curvo para arrancar moluscos das rochas. É possível que o Quetzalcoatlo tenha carregado bebês dinossauros para longe.

Arqueópterix, a primeira ave verdadeira

É POSSÍVEL QUE OS PRIMEIROS PÁSSAROS NÃO SOUBESSEM VOAR

Os pássaros evoluíram de pequenos dinossauros carnívoros. Fósseis de "dinopássaros" encontrados na China mostram claramente dinossauros com penas. O dinossauro emplumado conhecido como Arqueópterix, que significa "asa antiga", é considerado a primeira ave verdadeira (ave que podia voar), embora os pesquisadores ainda discutam se ele poderia bater as asas ou se apenas planava pelo ar.

INCRÍVEL!

A cigana, pássaro que hoje habita a América do Sul, tem garras nas asas quando jovem – assim como o Arqueópterix, seu ancestral pré-histórico. Há também um lagarto que consegue deslizar sobre pedaços de pele semelhantes a asas, como os répteis planadores dos tempos pré-históricos.

Duas ciganas

OS MAMÍFEROS DE SANGUE QUENTE

Megazostrodonte

MAMÍFEROS SOBREVIVERAM AO EVENTO DE EXTINÇÃO EM MASSA

Os primeiros mamíferos evoluíram dos répteis, há cerca de 220 milhões de anos, e partilharam a Terra com os dinossauros. Mas eles não eram muito grandes: o Megazostrodonte, um dos primeiros, era pouco maior que um rato. Quando os dinossauros morreram, os mamíferos não apenas sobreviveram, mas também dominaram a Terra. Existem cerca de 4.200 tipos diferentes de mamíferos vivos hoje.

Indricotério

JÁ PAROU PARA PENSAR...

QUAL FOI O MAIOR MAMÍFERO TERRESTRE?

O Indricotério, o maior mamífero terrestre, foi um dos primeiros tipos de rinoceronte. Era tão pesado quanto quatro elefantes e, com oito metros de altura, era 1,5 vez mais alto que uma girafa moderna.

Os mamíferos têm sangue quente e seus filhotes bebem leite

Ao contrário dos anfíbios, peixes e répteis, os mamíferos produzem o calor do próprio corpo. Eles também são únicos porque os mamíferos jovens se alimentam do leite produzido pela mãe. Embora as primeiras mães de mamíferos botassem ovos em vez de dar à luz, isso mudou com o tempo, com novos tipos de mamíferos. O ornitorrinco, originário da Austrália, é o mamífero que põe ovos mais conhecido que existe até hoje.

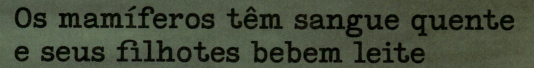
Ornitorrinco

INCRÍVEL!

Quando os primeiros elefantes apareceram, há cerca de 40 milhões de anos, eles eram minúsculos. O Moeritério, por exemplo, tinha apenas cerca de sessenta centímetros de altura. Todos os tipos de variações estranhas evoluíram antes do surgimento dos ancestrais dos elefantes modernos, há cerca de cinco milhões de anos.

EXISTEM MAMÍFEROS QUE SABEM NADAR E OUTROS QUE VOAM

Os morcegos ainda são os únicos mamíferos que conseguem bater as asas e voar. Icaronycteris, o primeiro morcego conhecido, que viveu há cerca de 54 milhões de anos, tinha uma cauda longa. Baleias, golfinhos e focas são mamíferos que desenvolveram formas de viver na água. A primeira baleia conhecida, Pakicetus, surgiu quase ao mesmo tempo que os morcegos e parecia mais uma foca do que uma baleia moderna.

Moeritério

Icaronycteris

AS PRIMEIRAS CIVILIZAÇÕES

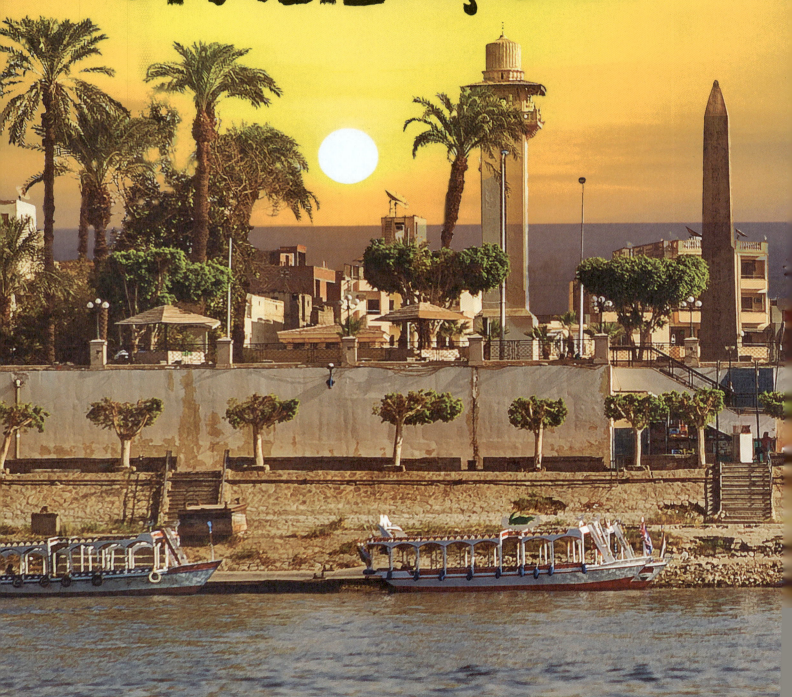

OS PRIMEIROS POVOS

Os hominídeos comiam carne, folhas e frutas

A carne vinha provavelmente de animais mortos que eles encontravam, embora também possam ter caçado alguns animais pequenos. As plantas lhes davam frutos e folhas. Eles usavam ferramentas de pedra para cortar e raspar a comida.

A VIDA HUMANA SURGIU NA ÁFRICA

As primeiras criaturas semelhantes aos humanos (hominídeos) foram os australopitecíneos, que evoluíram há 4,5 milhões de anos. Eles viviam no local que hoje é o oeste da África, perto da Etiópia, do Quênia e da Tanzânia. Bem adaptados para viver tanto nas árvores como no solo, os australopitecíneos sobreviveram quase um milhão de anos.

Australopiteco

JÁ PAROU PARA PENSAR...

QUEM FORAM OS PRIMEIROS MÚSICOS?

Ninguém sabe quando a música começou, mas o instrumento musical mais antigo do mundo é um apito, esculpido num osso de animal, há mais de 60 mil anos!

Esta flauta feita de osso é um dos primeiros instrumentos musicais, possivelmente com 40 mil anos.

O "faz-tudo" começou a usar ferramentas

Cerca de dois milhões de anos atrás, o *Homo habilis* apareceu na África oriental e meridional. Medindo de cem a 135 centímetros de altura e pesando cerca de 32 quilos, o *Homo habilis*, ou "homem hábil", foi o primeiro usuário de ferramentas. Usando pedras, ele criou ferramentas simples, como trituradores.

Fóssil de crânio de australopiteco

INCRÍVEL!

Os cientistas conseguiram desenterrar os ossos de mais de trezentos **australopitecíneos**. Esses e outros fósseis nos dizem que eles tinham nariz achatado, mandíbula inferior forte e saliente e pequenos dentes caninos. Os australopitecíneos ficavam em pé e andavam sobre duas pernas.

O *HOMO ERECTUS*, O "HOMEM ERETO", ERA UM ANDARILHO

Ele surgiu há mais de um milhão de anos. Ele era mais alto e pesado que o *Homo habilis*, com pernas mais longas e braços mais curtos, o que indica que passava mais tempo no chão do que subindo em árvores. Foi o *Homo erectus* quem começou a sair da África rumo à Europa e à Ásia.

Modelos do *Homo erectus* exibidos no Museu de História Natural de Viena.

NOSSOS PRIMOS NEANDERTAIS

OS NEANDERTAIS ERAM NOSSOS PARENTES HUMANOS MAIS PRÓXIMOS

Uma espécie de humano primitivo, os neandertais evoluíram vários milhares de anos antes do *Homo sapiens*, o ancestral dos humanos modernos. Os neandertais viveram na Europa e em todo o sudoeste e centro da Ásia, entre 400 mil e 40 mil anos atrás. Isso foi durante a Era Glacial, quando grande parte da Terra estava coberta de gelo e neve. Ninguém sabe realmente por que eles morreram, há cerca de 30 mil anos.

QUE TIPO DE ANIMAIS OS NEANDERTAIS CAÇAVAM?

Enormes mamutes e grandes animais com cascos eram uma importante fonte de alimentos, peles e pelos essenciais. Os neandertais tiveram que inventar formas inteligentes de caça, como perseguir animais sobre penhascos com galhos em chamas e depois usar lanças para esfaquear as presas feridas até a morte.

Caçando um mamute peludo.

INCRÍVEL!

Ao estudar as marcas dos músculos nos ossos fossilizados, os cientistas podem dizer que os neandertais deviam ser muito fortes. Também está claro que eles sofreram muitas fraturas, talvez porque caçavam de perto animais de grande porte. O fato de os ossos terem sido quebrados em momentos diferentes e terem cicatrizado bem indica que os membros feridos do grupo receberam alimentação e cuidados adequados.

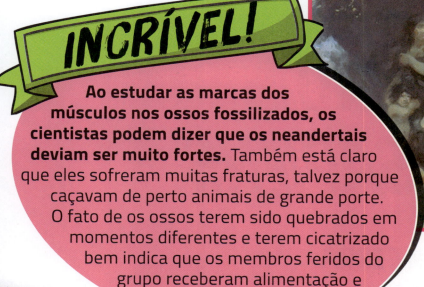

Pintura de uma família neandertal.

Os neandertais não se pareciam com nossos ancestrais

Eram uma espécie bastante distinta do *Homo sapiens*. Mais robustos, com ossos grossos e fortes, tinham cerca de 155 a 164 centímetros de altura e pesavam de 55 a 65 quilos. O formato de sua cabeça era diferente: a parte central do rosto era mais larga e o nariz era grande. No entanto, eles tinham o cérebro do mesmo tamanho que o nosso.

Rosto de um homem adulto neandertal reconstruído a partir de restos mortais com 40 mil anos e encontrados na Bélgica.

ELES ERAM INTELIGENTES E HABILIDOSOS

A maioria dos pesquisadores acredita que os neandertais usavam muitas ferramentas e armas, controlavam o fogo e eram bons caçadores e artesãos qualificados: as suas mãos eram muito parecidas com as nossas. Eles viviam em abrigos, em grupos de dez a quinze integrantes, cuidavam dos feridos e doentes e enterravam os mortos.

Um abrigo em caverna de neandertais.

O SURGIMENTO DO HOMO SAPIENS

Australopiteco

Homo erectus

Neandertal

Homo sapiens

TODAS AS PESSOAS NA TERRA HOJE SÃO HOMO SAPIENS

O nome científico dos humanos modernos é *Homo sapiens*, que significa "homem sábio". Os nossos antepassados, os primeiros humanos modernos, apareceram pela primeira vez na África, há cerca de 180 mil anos. De lá, eles se espalharam pelo mundo.

Memorial construído para o "homem do gelo" perto do local exato onde ele foi descoberto.

Como os humanos modernos evoluíram.

Os humanos modernos começaram a construir as primeiras casas

Eles viviam em entradas de cavernas e em locais protegidos por rochas salientes. Ao ar livre, faziam cabanas com galhos cobertos de peles. Eles eram, em sua maioria, caçadores e coletores, ou seja, viviam da carne que caçavam e dos produtos vegetais que colhiam.

INCRÍVEL!

Em 1991, um corpo mumificado completo com roupas, armas e até uma mochila foi descoberto congelado no gelo dos Alpes. A múmia foi apelidada de "homem do gelo" e é uma das mais antigas já encontradas. Quando morreu, há cerca de 5.300 anos, o homem do gelo usava uma túnica de couro, sapatos, um chapéu peludo e uma capa de grama tecida.

O *Homo sapiens* desenvolveu esqueletos mais leves que os humanos primitivos

Eles também tinham o cérebro muito maior, o que dava ao crânio um formato muito diferente, com uma testa mais alta e mais vertical. As mandíbulas dos humanos modernos também são mais leves, e os dentes são menores.

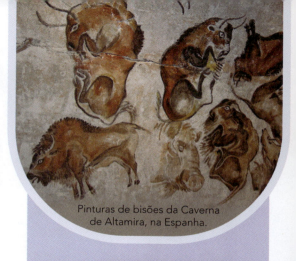

Pinturas de bisões da Caverna de Altamira, na Espanha.

ELES ERAM PINTORES E ESCULTORES

Na Europa, os humanos modernos estavam vivos durante a gélida Era Glacial, época em que as geleiras cobriam a Terra. Eles estavam entre os primeiros artistas, pintando imagens de cavalos, bisões e veados nas paredes de suas cavernas. Eles esculpiam figuras de animais e pessoas em ossos e marfim.

JÁ PAROU PARA PENSAR...

EXISTEM SEGREDOS PRÉ-HISTÓRICOS ESCONDIDOS ATRÁS DE CAMADAS DE GELO?

Múmias liofilizadas (congeladas e desidratadas) de muitos animais – mamutes e rinocerontes peludos, leões-das-cavernas – foram descobertas sob o gelo nas frias terras do norte da Sibéria. Em 2018, um cachorrinho mumificado foi descoberto e, em 2019, os cientistas encontraram uma múmia perfeitamente preservada de um potro de dois meses.

Restos mumificados foram descobertos na paisagem congelada da Sibéria.

ARTESÃOS DA IDADE DA PEDRA

A PRIMEIRA FERRAMENTA FOI UMA PEDRA SIMPLES

Provavelmente foi há mais de dois milhões de anos que alguém pegou uma pedra e fez dela uma ferramenta de pedra. Esse evento é considerado o início da Idade da Pedra, que abrange um longo período, até cerca de cinco mil anos atrás, quando foram criadas as primeiras ferramentas de bronze.

JÁ PAROU PARA PENSAR...

POR QUE AS PRIMEIRAS CHAMAS FORAM RETIRADAS DA NATUREZA?

Os especialistas acreditam que foi o *Homo erectus* quem primeiro domou e aprendeu a controlar o fogo, há cerca de 1,6 milhão de anos. Os primeiros a manusear o fogo provavelmente usaram chamas de incêndios florestais iniciados por um relâmpago.

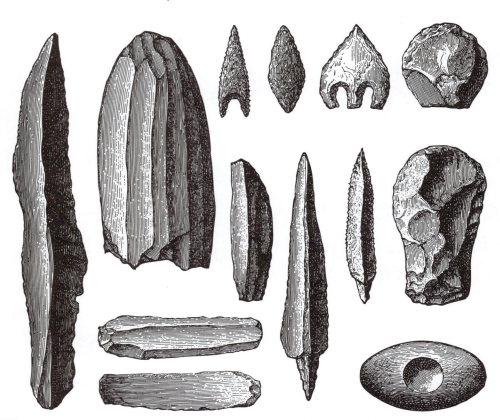

Várias ferramentas de pedra usadas pelos primeiros humanos.

O *Homo erectus* usava pedras lascadas como machados afiados

Eram muito úteis para esfolar animais e cortar a carne. Mas nem todas as ferramentas da Idade da Pedra eram feitas de pedra. Mais tarde, ainda na Idade da Pedra, as pessoas fabricavam ferramentas de marfim, ossos e chifres de animais.

Lança endurecida pelo fogo.

Machado de mão

INCRÍVEL!

Há cerca de 30 mil anos, nossos ancestrais começaram a esculpir e pintar imagens nas paredes e no teto das cavernas. A maioria das pinturas era dos animais que eles caçavam — bisões em investida ou uma manada de veados saltitantes. Usando diferentes tipos de terra, eles pintavam em amarelo, vermelho e marrom. O branco vinha da argila ou de pedras calcárias, enquanto o carvão dos galhos queimados era usado para a cor preta. Eles pintavam com os dedos, além de fazer pincéis prendendo pelos de animais em gravetos. Às vezes, eles pintavam borrifando tinta com um osso oco.

AS PRIMEIRAS ARMAS ERAM PONTIAGUDAS: GALHOS DE MADEIRA FORAM USADOS COMO LANÇAS DE CAÇA

É provável que o *Homo erectus* tenha sido o primeiro a criá-las, há mais de 400 mil anos. Muito mais tarde, cerca de 25 mil anos atrás, um humano primitivo inovador transformou ossos em agulhas de costura e deu início a uma moda totalmente nova!

Caça ao bisão desenhada em uma rocha.

OS PRIMEIROS AGRICULTORES

As lhamas foram domesticadas por antigos agricultores.

A PRIMEIRA COLHEITA FOI DE GRÃOS DE GRAMÍNEAS SELVAGENS

Os caçadores e coletores tinham que se deslocar de um lugar para outro em busca de comida. As coisas começaram a mudar há cerca de 10 mil anos, no Oriente Médio, quando as pessoas começaram a recolher e armazenar cereais que encontravam na natureza. Elas perceberam que, se espalhassem algumas sementes silvestres no solo ao redor de suas cabanas, poderiam cultivar a própria plantação. Assim, como não precisavam mais sair em busca de comida, poderiam se estabelecer em lares mais permanentes.

O milho e a batata-doce estavam entre as primeiras plantações.

O cão-lobo-de-saarloos, que existe hoje, é um parente próximo dos lobos selvagens.

INCRÍVEL!

As pessoas começaram a domesticar animais antes mesmo de se estabelecerem. Pouco a pouco, os lobos começaram a viver e a caçar ao lado dos humanos, além de segui-los quando se deslocavam. Alimentado e acariciado, o lobo foi o primeiro animal a ser domesticado e o seu descendente, o cachorro, é hoje conhecido como o melhor amigo do homem!

Domando animais selvagens

Depois de se estabelecerem em um lugar, as pessoas começaram a observar e acompanhar os rebanhos selvagens que poderiam lhes fornecer carne. Os primeiros animais que elas criaram foram cabras e ovelhas, inicialmente apenas para obter carne. Porcos e vacas foram domesticados algum tempo depois. As pessoas também começaram a ordenhar cabras – muito antes das vacas. Os agricultores sul-americanos criavam lhamas, perus e porquinhos-da-índia.

Tijolos de barro e betume usados na construção de um antigo muro no Iraque.

OS MUROS AO REDOR DO ASSENTAMENTO FORNECIAM PROTEÇÃO

Logo, os assentamentos começaram a tomar forma. As casas tornaram-se maiores, mais fortes e mais permanentes. Muros foram construídos ao redor do assentamento para mantê-lo seguro. Depois que os animais foram domesticados, isso se tornou ainda mais importante porque agora eles precisavam ser protegidos dos predadores.

Batatas-doces

O QUE FOI CULTIVADO EM OUTRAS PARTES DO MUNDO?

Mais tarde, à medida que as pessoas se estabeleceram em outras partes do mundo, cultivaram alimentos nativos dessas áreas. Oito plantações, incluindo trigo, cevada, lentilha e ervilha, foram cultivadas pela primeira vez no Oriente Médio. Os agricultores da América do Sul cultivavam milho e batata-doce.

87

CONSTRUINDO VILAS E CIDADES

Jericó atualmente.

As ruínas de Jericó, a cidade mais antiga conhecida do mundo.

QUANDO A COMIDA SE TORNOU ABUNDANTE, AS PESSOAS COMEÇARAM A EXPLORAR

Em alguns lugares, os agricultores tiveram tanto sucesso que começaram a produzir mais alimentos do que podiam comer. As pessoas tinham tempo e recursos para fazer outras coisas – podiam fabricar potes ou contas, ou sair para negociar. Elas começaram a trocar bens e serviços: as aldeias tornaram-se maiores e mais complexas.

Zigurate, na antiga Suméria.

AS CIDADES SE TORNARAM CENTROS URBANOS MOVIMENTADOS

As primeiras cidades foram fundadas há cerca de cinco mil anos, construídas pelo povo da Suméria, também no Oriente Médio. Elas foram construídas em torno de enormes templos chamados zigurates e tinham ruas estreitas e sinuosas, repletas de casas, lojas e pousadas. É possível que cada cidade tenha abrigado dezenas de milhares de cidadãos.

JÁ PAROU PARA PENSAR...

JERICÓ AINDA EXISTE?

Parte de Jericó continua de pé. Há uma torre circular de pedra, com paredes rebocadas em barro, onde ainda podemos ver as impressões digitais dos rebocadores.

Çatalhöyük, na Turquia.

As primeiras cidades abrigavam muitas centenas de pessoas

A cidade mais antiga que conhecemos é Jericó, no Oriente Médio. Por volta de 8000 a.C., a cidade era cercada por altos muros de pedra e um fosso profundo. Jericó era o lar de pelo menos 2 mil pessoas. Por volta de 5000 a.C., havia cerca de três vezes mais pessoas morando em Çatalhöyük, na Turquia, num labirinto de "caixas" de tijolos de barro, com portas nos telhados.

INCRÍVEL!

É graças ao sistema de escrita dos sumérios que aprendemos tanto sobre a vida na Suméria. Os sumérios estavam entre os primeiros a inventar a escrita. Eles escreveram histórias, poemas de amor, hinos, listas de compras e muito mais. A partir de seus registros escritos, aprendemos os nomes de seus governantes, bem como o fato de que tanto homens quanto mulheres usavam saias e maquiagem.

89

CRIATURAS MOLENGAS

A MAIORIA DOS ANIMAIS NÃO TEM COLUNA VERTEBRAL

Na verdade, cerca de 90% dos animais da Terra não têm osso algum. Eles são chamados de invertebrados e incluem trinta grupos diferentes de animais, desde os microscópicos rotíferos até os insetos, e desde as águas-vivas grandes e trêmulas, até as esponjas. Os invertebrados têm sangue frio, o que significa que a temperatura corporal é igual à do ar ou da água ao seu redor.

Os recifes de coral são o habitat desta esponja de cores vivas.

A estrela-do-mar se alimenta de esponjas e outros invertebrados.

Minhoca se enterrando no solo.

INCRÍVEL!

As minhocas não têm coluna vertebral ou quaisquer outros ossos. Elas têm tubos cheios de água, que correm ao longo de seus corpos e agem um pouco como um esqueleto. Da mesma forma, é a pressão dos fluidos corporais que dá forma a outros invertebrados, como as lesmas e águas-vivas.

92

Muitas criaturas marinhas são invertebradas

Estrelas-do-mar, ouriços-do-mar, corais, anêmonas-do-mar e esponjas pertencem ao grupo dos invertebrados. Algumas dessas criaturas, como os vermes tubulares, vivem no fundo do oceano mais profundo, onde é frio e totalmente escuro.

Lagostas podem ser enormes.

O verme-espanador pode guardar seu "espanador" no tubo em sua base.

Os caranguejos vivem tanto na água quanto na terra.

A MAIORIA DOS INVERTEBRADOS DESENVOLVE UMA COBERTURA EXTERNA DURA

Este "esqueleto externo", ou exoesqueleto, protege o corpo macio e desossado contra lesões e evita que ele seque. Em alguns grupos de invertebrados, o exoesqueleto é mais óbvio que em outros: os crustáceos, que incluem lagostas e caranguejos, desenvolvem uma crosta semelhante a uma armadura; moluscos como caracóis, vôngoles e mexilhões desenvolvem conchas – os esconderijos perfeitos.

JÁ PAROU PARA PENSAR...

COMO OS CARANGUEJOS CRESCEM DENTRO DA CARAPAÇA?

A casca dura de um caranguejo não se estica. Então, quando um caranguejo fica grande demais para sua carapaça, ele se livra dela. A nova carapaça já está no lugar e, embora inicialmente seja macia, ela logo endurece. Um caranguejo pode precisar trocar a carapaça até vinte vezes na vida!

93

BICHOS RASTEJANTES

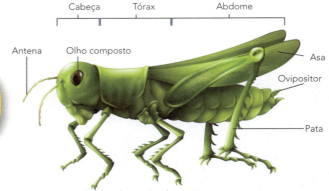

Partes do corpo de um inseto.

TODOS OS INSETOS TÊM ALGUMAS COISAS EM COMUM

Embora possam parecer diferentes, todo inseto adulto tem seis patas e o corpo dividido em três partes. A cabeça fica na frente, o tórax no meio e o abdome atrás. Alguns também podem ter asas para voar e sensores ou antenas longas.

Os ninhos de cupins podem ser mais altos que um jogador de basquete alto.

A MAIORIA DOS RASTEJADORES PRODUZ INÚMEROS OVOS

Os insetos são fonte de alimento para muitos répteis, aves e mamíferos. Ao botar muitos ovos, os insetos garantem que pelo menos alguns deles cheguem à idade adulta sem serem comidos. Por exemplo, os ninhos de cupins (que regulam a temperatura em seu interior e podem chegar a nove metros de altura) às vezes abrigam milhões de cupins e ovos.

Aranhas não são insetos

Elas têm mais patas e menos partes do corpo que os insetos! Uma aranha tem oito patas e sua cabeça e tórax estão unidos. A maioria também tem oito olhos, embora algumas tenham seis. Conhecemos mais de 45 mil tipos de aranhas, mas provavelmente há muitas que ainda não foram descobertas. Todas as aranhas produzem algum veneno, mas poucas são venenosas o suficiente para causar danos aos humanos.

Três tipos de insetos na mesma planta: uma joaninha, algumas lagartas e uma borboleta.

A tarântula é uma das poucas aranhas cujo veneno pode causar sérios danos aos seres humanos.

JÁ PAROU PARA PENSAR...

QUANTOS INSETOS HÁ NO MUNDO?

Existem mais insetos em um quilômetro quadrado de floresta do que pessoas em todo o planeta! Eles vivem debaixo de cavernas, em buracos profundos e até mesmo no topo de montanhas. Os insetos representam 85% das espécies animais conhecidas, e provavelmente há milhões de outras esperando para serem descobertas!

INCRÍVEL!

Um ninho de formigas é lindamente planejado. Possui muitas câmaras separadas, conectadas por um labirinto de túneis. Todas as salas têm uma função específica: algumas são viveiros de ovos e crias; outras servem para guardar comida... elas têm até lixeiras!

A entrada do formigueiro é cercada por um monte com a areia escavada para criar o ninho.

ANFÍBIOS E SEU SANGUE FRIO

A pele úmida da salamandra ajuda a absorver oxigênio.

OS ANFÍBIOS RESPIRAM PELA PELE

A sua pele fina e úmida, que lhes confere o típico aspecto "viscoso", permite que o oxigênio do ar e da água seja absorvido para o sangue. Os anfíbios começam a vida na água e possuem guelras para que consigam respirar o oxigênio da água. Eles também têm barbatanas, como os peixes. À medida que chegam à idade adulta, desenvolvem pulmões e podem viver na terra.

Os anfíbios gostam de estar perto da água.

JÁ PAROU PARA PENSAR...

POR QUE ALGUNS ANFÍBIOS TÊM CORES VIVAS?

Vários anfíbios são altamente venenosos. Isso inclui muitos tipos de sapos que suam veneno da pele. Normalmente, quanto mais colorido o anfíbio, mais tóxico. A cor alerta os predadores para ficarem longe.

Os maiores anfíbios do mundo são salamandras gigantes

Eles vivem em alguns rios da China, podem crescer até 1,5 metro de comprimento e pesar mais de cinquenta quilos. Eles são consumidos como uma iguaria e supostamente têm propriedades medicinais, mas estão em perigo de extinção na natureza.

Salamandra-gigante-da-china.

Eles preferem viver não muito longe da água

Os anfíbios têm sangue frio, o que significa que não conseguem manter a temperatura corporal, mas se aquecem ou se resfriam dependendo do ambiente. Solo úmido e lugares com água os ajudam a permanecer frescos e úmidos. Além disso, a maioria dos anfíbios bota ovos moles e cobertos de gelatina na água, onde os filhotes nascem e crescem.

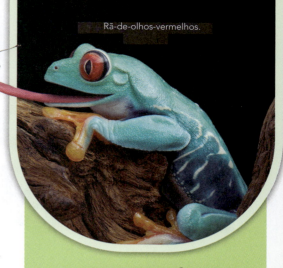

Rã-de-olhos-vermelhos.

TODOS OS ANFÍBIOS SÃO CAÇADORES

Embora comam plantas quando jovens, todos os anfíbios adultos comem carne. Eles capturam besouros, aranhas, moscas, vermes e até pequenos peixes para se alimentar. Muitos caçam à noite e têm audição, olfato e visão aguçados. Alguns deles, como os sapos, agitam sua língua longa e pegajosa para capturar a presa.

Sapos jovens, chamados girinos, vivem apenas na água e respiram pelas guelras, como os peixes.

Os anfíbios põem uma massa de ovos moles e gelatinosos.

INCRÍVEL!

O número de anfíbios no mundo tem diminuído constantemente devido ao aumento da poluição. Uma das principais razões para isso é que os anfíbios absorvem ar e água através da pele e, por isso, são extremamente sensíveis e facilmente afetados pelos níveis de poluição.

RÉPTEIS: CROCODILOS E JACARÉS

OS RÉPTEIS VIVEM NA TERRA E RESPIRAM AR

Assim como os anfíbios, cobras, lagartos, crocodilos e tartarugas também têm sangue frio. Eles não conseguem manter a temperatura corporal e dependem do sol para se aquecer. Embora existam algumas espécies que vivem na água, como as serpentes marinhas, a maioria dos répteis não precisa viver perto da água, pois a sua pele, dura e escamosa, evita que o seu corpo seque.

O temível "supercrocodilo"

Crocodilos ainda parecem dinossauros

Os parentes dos répteis de hoje foram os dinossauros, que dominaram a Terra por mais de 200 milhões de anos. Embora os dinossauros tenham morrido há cerca de 65 milhões de anos, há uma semelhança que é bem fácil de ver. Na verdade, os crocodilos de hoje são muito semelhantes ao *Sarcosuchus imperator*, um réptil da era pré-histórica, mais conhecido como "supercrocodilo".

Os jacarés-norte-americanos comem de tudo, desde frutas, até veados.

Pele dura de crocodilo

ELES QUASE PODERIAM SER BLINDADOS

Tanto os jacarés quanto os crocodilos são cobertos por escamas duras e resistentes, reforçadas com ossos. Quando não estão quase submersos na água, esperando que um animal sedento se aproxime o suficiente para poderem agarrá-lo com as mandíbulas, eles podem ser vistos tomando sol nas margens.

INCRÍVEL!

Os maiores répteis vivos hoje são os crocodilos-de-água-salgada. Eles geralmente têm cerca de quatro metros de comprimento, mas um crocodilo gigante, morto em 1957, media o dobro – nada menos que oito metros, e pesava quase dois mil quilos!

Os crocodilos-de-água-salgada podem saltar da água para o alto.

JÁ PAROU PARA PENSAR...

COMO DIFERENCIAR UM JACARÉ DE UM CROCODILO?

Você pode diferenciá-los pelo sorriso. Embora os dentes superiores do crocodilo e do jacaré fiquem visíveis quando eles estão com a boca fechada, não é possível ver os dentes inferiores do jacaré.

Nem todos os crocodilos são grandes e assustadores

O jacaré-anão, que vive na América do Sul, é o menor crocodilo. Esse minicrocodilo cresce apenas cerca de 1,5 metro de comprimento – cerca de um terço do tamanho do seu primo gigante, o enorme crocodilo-de-água-salgada.

A cabeça do jacaré-anão lembra a de um cachorro.

RÉPTEIS: TARTARUGAS, CÁGADOS E JABUTIS

TARTARUGAS, CÁGADOS E JABUTIS NÃO SÃO IGUAIS

Os jabutis vivem em terra firme e se movem com pernas curtas e atarracadas. Já os cágados são semiaquáticos e as tartarugas preferem viver na água: muitas delas têm os pés palmados para ajudá-las a nadar. Todos têm a boca em forma de bico, sem dentes. As tartarugas marinhas têm nadadeiras porque vivem no oceano e passam a maior parte da vida debaixo d'água. A maioria vai à costa apenas para depositar seus ovos em ninhos enterrados na areia.

JÁ PAROU PARA PENSAR...

TODAS AS TARTARUGAS TÊM CASCOS DUROS?

Existem algumas tartarugas de casco mole que vivem em riachos, rios, lagos e lagoas lamacentas. Elas preferem não descansar ao sol e passam o tempo enterradas na lama ou na areia.

Fêmea de tartaruga-de-couro rasteja de volta ao oceano depois de botar ovos.

As tartarugas-de-casco-mole não possuem escamas em seu casco.

Jabutis são bem lentos

Seu casco é tão pesado que eles se movem muito devagar ou nem se movem. A maioria dos jabutis avança numa velocidade inferior a 0,45 km/h, mesmo quando está com fome.

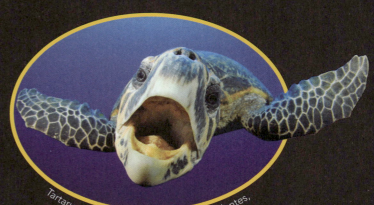

Tartarugas, cágados e jabutis não têm dentes, como revela a boca desta tartaruga-de-pente.

INCRÍVEL!

A tartaruga-de-couro tem mais ou menos o tamanho de um carro pequeno. Pesando até novecentos quilos, este réptil marinho gigante pode chegar a quase três metros de comprimento, da cabeça à ponta da cauda, e tem uma envergadura de nadadeira semelhante. Ele consegue prender a respiração por mais de meia hora para mergulhar no fundo do oceano.

ELES SÃO OS ANIMAIS TERRESTRES QUE VIVEM MAIS TEMPO

Talvez o segredo da longa vida seja a casca dura e óssea que os protege de predadores perigosos. Acredita-se que a tartaruga mais antiga tenha sido Adwaita, uma tartaruga-gigante-de-aldabra das Seychelles, que vivia no Zoológico Alipore, em Calcutá (Índia). Dizem que tinha cerca de 250 anos quando morreu, em 2006!

Tartaruga com mais de cem anos das Seychelles.

O casco da tartaruga revela sua idade

Projetado para proteger o corpo, o casco dos jabutis, cágados e tartarugas é feito de osso e coberto por placas resistentes e duras. As costelas e a espinha dorsal dos répteis estão fundidas aos ossos do casco. A cada ano, um novo anel cresce nas placas. Se você contá-los, poderá saber a idade deles.

101

RÉPTEIS: COBRAS RASTEJANTES

A cobra-lobo-do-laos é mais ativa à noite.

O CORPO DAS COBRAS É TOTALMENTE COBERTO POR ESCAMAS

As cobras são facilmente reconhecidas por seu corpo longo, fino e sem patas. As escamas que as cobrem podem ser lisas ou ásperas, mas são secas ao toque. Seus olhos são cobertos por escamas especiais e transparentes: as cobras não têm pálpebras, pois não precisam piscar.

Os olhos sem pálpebras da cobra *Ptyas carinata*.

A periquitamboia pode espremer sua presa até a morte.

JÁ PAROU PARA PENSAR...

POR QUE AS COBRAS TROCAM DE PELE?

À medida que a cobra cresce, sua pele fica muito pequena. Então, ela desenvolve uma nova pele por baixo. Assim, começando pela cabeça e descendo até a cauda, ela desliza para fora da pele antiga, que permanece inteira.

Pele de cobra

102

Algumas cobras podem nos abraçar até a morte

Cobras constritoras, como a anaconda ou o píton, enrolam-se firmemente em torno de suas presas. Elas não esmagam suas vítimas até a morte, mas as apertam até sufocarem.

Embora altamente venenosa para os humanos, a cobra-real prefere comer outras cobras.

INCRÍVEL!

Seus dentes afiados e voltados para trás são bons para reter a comida, mas não para quebrá-la. Por isso, as cobras precisam engolir suas presas inteiras. Uma cobra tem mandíbulas incrivelmente elásticas. Dobradiças elásticas unem quatro maxilares separados e elas não têm o osso do queixo. Isso significa que sua boca abre muito para engolir alimentos muito maiores que sua cabeça, como ovos e até cervos!

Cobra Thamnophis sirtalis "farejando" o ar.

SUAS PRESAS INJETAM VENENO MORTAL

A maioria das cobras venenosas são inofensivas para as pessoas. No entanto, as najas, cascavéis e taipans possuem um veneno letal para os humanos. Oito em cada dez das cobras mais mortais do mundo são encontradas na Austrália.

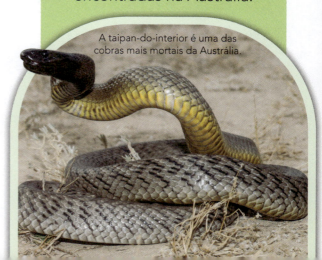

A taipan-do-interior é uma das cobras mais mortais da Austrália.

As cobras cheiram com a língua

A língua bifurcada das cobras entra e sai constantemente da boca para captar cheiros, na forma de pequenas partículas. Essas partículas são então "degustadas" por um órgão muito sensível no céu da boca.

RÉPTEIS: LAGARTOS CORREDORES

LAGARTOS ADORAM TOMAR SOL

Lagarto-verde aproveitando o calor do sol na água.

Como todos os répteis, os lagartos têm sangue frio. Lagartos frios são lentos e vagarosos, por isso se aquecem ao sol, antes de saírem correndo para caçar. O lagarto mais rápido é a iguana de cauda espinhosa. Ela pode correr a quase 35 km/h, mais ou menos o mesmo que um velocista campeão!

Ventosas sob os pés da lagartixa

As lagartixas têm ventosas especiais nos pés

Isso permite que elas se agarrem à superfície para subirem por paredes lisas e andarem de cabeça para baixo pelo teto. Elas têm pálpebras transparentes, que são pedaços de pele que protegem os olhos contra poeira e sujeira. Como a lagartixa não consegue piscar para limpar as pálpebras, ela usa a língua para limpá-las!

INCRÍVEL!

O lagarto basilisco, que vive perto de rios na América do Sul, escapa de seus inimigos correndo sobre a água. Ele corre tão rápido com seus dedos longos e franjados que não dá tempo de afundar!

O venenoso lagarto-de-contas

O dragão-de-komodo, semelhante a um dinossauro, é encontrado em algumas ilhas da Indonésia.

A água por perto fornece uma rota de fuga rápida para este basilisco.

QUASE TODOS OS LAGARTOS SÃO INOFENSIVOS

Dos 3.800 tipos de lagartos, apenas dois são venenosos: o monstro-de-gila e o lagarto-de-contas. Ao contrário das cobras, esses lagartos não têm presas, mas mordem suas vítimas e mastigam veneno para que entre na ferida.

JÁ PAROU PARA PENSAR...

O QUE OS CAMALEÕES FICAM OLHANDO?

Os camaleões podem olhar para dois lados ao mesmo tempo! Eles movem cada um de seus olhos grandes e esbugalhados de forma independente para conseguirem olhar em duas direções diferentes ao mesmo tempo. Quando estão caçando, um olho pode procurar insetos saborosos para comer, e o outro pode ficar atento aos inimigos famintos.

Rinca, uma das ilhas que abriga o dragão-de-komodo.

Alguns são assustadores e parecidos com dragões

O dragão-de-komodo, encontrado em algumas ilhas da Indonésia, é o maior lagarto do mundo. Os machos podem chegar a mais de três metros de comprimento e pesar mais de 150 quilos. Eles comem carne e podem engolir porcos e veados inteiros!

105

PEIXES: UMA VIDA NA ÁGUA

Peixe-pulmonado-africano

PEIXES MORREM AO SEREM RETIRADOS DA ÁGUA

A maioria dos peixes não consegue respirar ar. Eles têm fendas, chamadas guelras, nas laterais de sua cabeça. Os vasos sanguíneos nas guelras absorvem o oxigênio da água que entra, depois liberam dióxido de carbono na água à medida que ela sai, da mesma forma que nossos pulmões fazem com o ar que respiramos.

Carpa, um peixe de água doce.

JÁ PAROU PARA PENSAR...

POR QUE OS PEIXES NÃO AFUNDAM?

A maioria dos peixes tem uma bexiga natatória que contém a quantidade certa de ar para equilibrá-los na água. Isso os impede de afundar ou flutuar. Os tubarões não têm bexiga natatória, por isso precisam se manter em movimento para não afundarem.

Esses tubarões-martelo devem continuar nadando para não afundar.

INCRÍVEL!

Os peixes ósseos mais antigos e primitivos são os peixes pulmonados. Embora tenham guelras e pulmões, e possam sobreviver fora da água respirando ar, a maioria dos peixes pulmonados precisa que seu corpo permaneça úmido. O peixe-pulmonado-africano é bem peculiar: quando o nível da água desce, ele se enterra na lama, cospe muco para construir um casulo e dorme até chover – mesmo que isso demore dois anos!

Salmões nadando rio acima saltam contra o fluxo das cachoeiras.

OS PEIXES VIVEM EM TODOS OS TIPOS DE CORPOS D'ÁGUA

Existem mais de trinta mil espécies de peixes. Lagos, lagoas, riachos, rios, oceanos… todos são lares de peixes. Podemos encontrar peixes de todas as formas, tamanhos e cores em água salgada e doce, em temperaturas frias e quentes, na superfície dos mares e nas profundezas do oceano.

As guelras de uma carpa.

Eles têm esqueleto

Na verdade, os peixes foram os primeiros animais a desenvolver um esqueleto dentro do corpo quando evoluíram, há 500 milhões de anos. Eles têm uma cauda forte e achatada, que os empurra na água, e nadadeiras, que os ajudam a mudar de direção. No entanto, apenas alguns peixes são ósseos. Tubarões e arraias têm esqueletos de cartilagem emborrachada.

O Haikouichthys foi possivelmente o peixe mais antigo de todos.

PEIXES: CRIATURAS CURIOSAS

Arraia

O peixe-anão é do tamanho de uma unha.

ALGUNS PEIXES NÃO TÊM MANDÍBULAS

Lampreias e peixes-bruxa têm um sistema de sucção para agarrar suas presas. Fileiras de dentes pequenos circundam a borda do sistema, enquanto os mais longos estão ao redor da borda da boca. Alguns desses peixes são parasitas, ligando-se a outros peixes e vivendo do sangue que sugam; outros se alimentam de peixes mortos.

Sistema de sucção na boca da lampreia.

JÁ PAROU PARA PENSAR...

POR QUE ALGUNS PEIXES NADAM EM GRUPOS?

Um grupo de peixes é conhecido como cardume. Para peixes pequenos, um cardume oferece proteção, pois os peixes que os atacam podem não conseguir pegar nada no meio da confusão. A formação compacta também pode enganar os predadores porque, de longe, o cardume parece um peixe grande.

INCRÍVEL!

Com um centímetro de comprimento, o peixe-anão é o menor peixe do mundo. O tubarão-baleia é o maior. Pode chegar a cerca de doze metros do nariz à cauda, mas é inofensivo para as pessoas. O maior peixe ósseo é o peixe-lua, que pode chegar a mais de três metros de comprimento, medindo mais de quatro metros da barbatana superior até a inferior.

108

As arraias-jamantas "voam" pela água

As arraias são peixes de corpo achatado com nadadeiras triangulares em forma de asas que as fazem parecer um pouco com os pássaros. Elas são semelhantes aos tubarões porque seus esqueletos são feitos de cartilagem, e não de osso. Ao contrário dos tubarões, no entanto, as arraias-jamantas são filtradoras inofensivas, alimentando-se de plânctons e pequenos peixes que elas filtram para fora da água quando se movem.

Estrela-do-mar em um recife de coral.

Estrelas-do-mar não são peixes

As estrelas-do-mar são, na verdade, parentes dos ouriços-do-mar e das bolachas-do-mar. Como o próprio nome diz, são encontradas apenas em água salgada.

OS CAVALOS-MARINHOS SÃO PEIXES!

Os cavalos-marinhos recebem esse nome porque sua cabeça lembra a de um cavalo, mas têm barbatanas, cauda e respiram pelas guelras, o que os faz serem classificados como peixes. O cavalo-marinho pai cuida dos ovos antes de eclodirem, carregando-os em uma bolsa. Quando eles eclodem, centenas de pequenos cavalos-marinhos saem em esguichos.

Cavalo-marinho

PEIXES: TUBARÕES MORTAIS

Mergulhador fotografando um tubarão-baleia.

TUBARÕES SÃO PEIXES MARINHOS CARNÍVOROS

A maioria tem corpos elegantes e fileiras de dentes afiados. Existem mais de quatrocentas espécies de tubarões de diferentes formas e tamanhos, vivendo em diferentes partes do mundo. O tubarão-anão tem apenas dez centímetros de comprimento, enquanto o tubarão-baleia, o maior de todos os peixes, pode chegar a doze metros ou mais.

JÁ PAROU PARA PENSAR...

TODOS OS TUBARÕES SÃO PERIGOSOS?

Na ordem dos tubarões perigosos, o grande tubarão-branco é o mais temido pelas pessoas. Outros tubarões perigosos incluem o tubarão-tigre, o tubarão-mako, o tubarão-cobre, o tubarão-da-barreira-de-coral e o tubarão-martelo. Apesar disso, a maioria dos tubarões são inofensivos para as pessoas e só atacam se forem incomodados.

Tubarões ficam muito animados com o cheiro de sangue

Eles conseguem sentir o cheiro de uma gota de sangue, diluída milhões de vezes, a quase um quilômetro de distância e dependem muito mais do olfato do que da visão. Além disso, uma "linha lateral" sensível ao longo do corpo permite que eles sintam ondulações criadas por um animal ou uma pessoa agitada na água, mesmo quando não há cheiro de sangue.

Tubarões são criaturas antigas

Fósseis mostram que os tubarões surgiram há mais de 350 milhões de anos, muito antes dos dinossauros. O Megalodonte era um tubarão enorme que caçava presas grandes e provavelmente também comia mariscos. O maior dente de Megalodonte encontrado tem quase dezoito centímetros de comprimento.

Os tubarões fazem curvas bem fechadas.

Dentes fossilizados do Megalodonte.

TUBARÕES SÃO NADADORES RÁPIDOS

Seu formato elegante significa que eles podem se mover rapidamente na água e fazer curvas fechadas, mesmo em alta velocidade. Tubarões como o tubarão-mako são máquinas de natação perfeitas, capazes de atingir velocidades de até 75 km/h.

O tubarão-mako é o animal mais rápido do oceano.

INCRÍVEL!

Muitos tipos de tubarões se afogariam se parassem de nadar, pois a água, rica em oxigênio, não passaria mais por suas guelras. Além disso, os tubarões devem nadar durante toda a vida para não afundar, porque, ao contrário de outros peixes, não têm bexiga natatória. Em compensação, seu enorme fígado oleoso os ajuda a flutuar.

O tubarão-gato é uma das espécies mais belas de tubarão.

AVES REUNIDAS

As aves tropicais costumam ter penas coloridas. Acima você confere penas de nove espécies diferentes de aves do Brasil.

SÓ AS AVES TÊM PENAS

Existem cerca de nove mil tipos diferentes de aves no mundo. Todas possuem sangue quente e têm duas pernas, duas asas e um bico. A maioria delas pode voar (embora nem todos os animais voadores sejam aves). A única característica exclusiva das aves é a presença de penas.

Penas diferentes têm finalidades diferentes

As aves têm três tipos de penas. Uma camada interna de penas macias e felpudas as mantém aquecidas e uma camada externa de cera impede que a chuva penetre na pele. Há também as penas das asas, que permitem que as aves voem.

Arara exibindo suas cores vibrantes.

Algumas aves escondem as suas cores; outras as exibem

As penas que cobrem o corpo das aves costumam ter cores tão sutis que a ave fica camuflada quase por completo; ela pode se misturar com o ambiente e manter-se segura. Outras aves, principalmente os machos da espécie, marcam presença e têm cores mais vivas para chamar a atenção das fêmeas.

QUANTAS PENAS OS PÁSSAROS TÊM?

A maioria das aves tem mais de mil penas e algumas aves têm muito mais. Os cisnes têm cerca de 25 mil penas, mais do que quase todas as outras aves.

Cisne-branco

Casal de tagarela-da-selva.

AS AVES NÃO GOSTAM DE PENAS ERIÇADAS

As aves frequentemente "penteiam" ou alisam suas penas com seus bicos e garras, e muitas vezes "penteiam" umas às outras. A maioria das aves também espalha óleo nas penas, a partir de uma glândula localizada acima da cauda, para mantê-las impermeáveis.

INCRÍVEL!

Algumas aves voam ou migram muitos milhares de quilômetros todos os anos, desde locais de alimentação até locais de nidificação (para fazer o ninho). A andorinha-do-ártico faz o voo de migração mais longo. Quando o verão termina nos seus locais de nidificação no Ártico, ela voa para a Antártica para passar o verão lá, depois voa de volta – uma viagem de ida e volta de mais de oito mil quilômetros. Durante a sua vida, ela voa uma distância igual a três viagens de ida e volta à Lua!

Andorinhas-do-ártico e gaivotas na Antártica.

AS ASAS DAS AVES

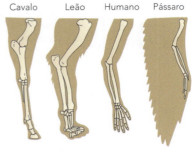

As aves podem sustentar muita carne e penas nos ossos finos e leves de suas asas.

AS AVES TÊM OSSOS LEVES E OCOS, MAS FORTES

O osso esterno geralmente é grande o suficiente para sustentar os músculos das asas. As aves batem as asas para decolar e voar mais alto. À medida que as asas batem para baixo, as penas de voo fecham-se contra o ar, o que empurra a ave para cima e para a frente. A cauda equilibra as aves.

Albatroz-errante.

As corujas são aves de rapina com olhos voltados para a frente.

AS AVES DE RAPINA CAPTURAM E COMEM OUTROS ANIMAIS

Elas são excelentes caçadoras, com bicos fortes em forma de gancho e garras afiadas que são usadas para matar e dilacerar as presas. Seus olhos são diferentes dos olhos de outras aves – grandes e voltados para a frente – dando-lhes uma visão excelente e a capacidade de avaliar detalhes e distâncias.

Suas asas são altamente especializadas

Com quase três metros de largura, a envergadura do albatroz-errante é a maior entre todas as aves voadoras. As enormes asas permitem que ele deslize quase sem esforço nas correntes de ar e, às vezes, fique semanas sem pousar! Os falcões voam contra o vento e batem as asas muito rapidamente, pairando na mesma posição enquanto procuram presas lá embaixo. Pequenos beija-flores podem pairar e voar para a frente e para os lados, e também para trás, batendo as asas até noventa vezes por segundo.

O brilhante beija-flor-de-garganta-verde.

POR QUE OS PÁSSAROS CANTAM?

Os pássaros cantam por vários motivos. Acima de tudo, eles cantam durante a época de reprodução. Um pássaro macho canta para atrair uma parceira ou para dizer a outros pássaros que fiquem longe de seu território. Machos e fêmeas também cantam para avisar outras aves de que um inimigo (como um gato ou um humano) está próximo.

Harpia

As águias podem capturar animais muito maiores e mais pesados que elas. A harpia, que vive nas selvas sul-americanas, é a maior águia de todas. Possui pés enormes e garras assustadoras, com as quais agarra e esmaga macacos e outros animais.

115

AVES: VARIADAS E MARAVILHOSAS

AS AVES SE SENTAM NOS OVOS PARA MANTÊ-LOS AQUECIDOS

A maioria das aves constrói ninhos para esconder seus ovos e manter seus filhotes aquecidos e protegidos dos inimigos. Elas não deixam os ovos sozinhos por muito tempo, porque, se os ovos esfriarem, os bebês dentro deles morrerão.

Gaivota-tridáctila cuidando de seus ovos.

JÁ PAROU PARA PENSAR...

POR QUE AS AVES NÃO CAEM QUANDO DORMEM?

Elas têm um longo tendão preso a cada dedo do pé. Quando descansam em galhos ou em outro poleiro, elas dobram as patas e os dedos dos pés ficam travados no poleiro.

Peito-celeste dormindo com os dedos se prendendo em um galho.

Pinguim-gentoo.

Nem todas as aves precisam voar

As asas dos pinguins funcionam como nadadeiras na água, e eles se tornam nadadores graciosos. Avestruzes, emas-australianas, emas, quivis e outras aves que não voam correm para fugir dos inimigos. O avestruz pode correr a mais de 60 km/h!

AS AVES TÊM BICOS DIFERENTES PORQUE COMEM ALIMENTOS DIFERENTES

O tucano usa seu bico enorme para arrancar frutos de galhos delicados. Os papagaios têm o bico curto, curvo e poderoso para quebrar nozes e sementes e, em alguns casos, para subir em árvores. O pica-pau usa seu bico incomum para perfurar madeira em busca de insetos e fazer ninhos em árvores moribundas. O bico em forma de gancho da águia é perfeito para rasgar carne. As garças têm o bico longo para caçar peixes.

Morder uma pera é um trabalho fácil para o tucano.

INCRÍVEL!

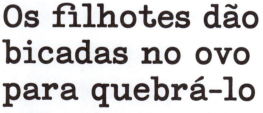

A primeira criatura que conhecemos parecida com um pássaro viveu há 150 milhões de anos. O Arqueópterix tinha cabeça de réptil, dentes afiados, cauda longa e asas com penas, usadas para planar.

Os filhotes dão bicadas no ovo para quebrá-lo

Os filhotes de aves que nidificam em árvores estão pelados e cegos quando eclodem. Eles têm que ser alimentados pelos pais até que suas penas de voo cresçam e eles aprendam a voar. Por outro lado, os filhotes fofinhos de aves que nidificam no solo, como os patos, podem cuidar de si mesmos e até nadar logo que nascem.

Filhotes de ganso começam a nadar com a mãe logo que nascem.

117

MAMÍFEROS: OS ANIMAIS MAIS INTELIGENTES

EXISTEM MAIS DE 4.200 ESPÉCIES DE MAMÍFEROS

Os animais de sangue quente, com quatro membros, que respiram ar e têm pelos no corpo estão no grupo dos mamíferos. A maioria dos mamíferos dá à luz bebês (embora haja algumas exceções que põem ovos) e produzem leite para alimentá-los. Alguns passam a vida inteira na água. Os seres humanos são mamíferos, e o cabelo é um tipo de pelo – assim como os espinhos do porco-espinho.

Cabras-de-leque pastando na região selvagem da África do Sul.

Eles comem muitos tipos de comida

Os mamíferos que comem carne são chamados de carnívoros. Gatos, cães, leões, lobos e até comedores de insetos, como ouriços, enquadram-se nesta categoria. Mamíferos com cascos, como cabras, burros, vacas, zebras e antílopes, são todos comedores de plantas, ou herbívoros. Mamíferos que comem plantas e outros animais são onívoros.

JÁ PAROU PARA PENSAR...

Um bebê coala em segurança na bolsa de sua mãe.

QUAL É O MENOR MAMÍFERO?

Um mamífero voador! O morcego-abelha, que vive em cavernas na Tailândia, tem apenas cerca de três centímetros de comprimento, embora sua envergadura seja de aproximadamente treze centímetros.

Marsupiais também são mamíferos

Coalas, vombates, gambás, cangurus e demônios-da--tasmânia são marsupiais – uma classe de mamíferos que carregam seus filhotes em bolsas. Nos primeiros meses, o bebezinho vive dentro da bolsa da mãe, alimentando-se de leite. Mesmo depois de ter idade suficiente para pular sozinho, o bebê marsupial mergulhará na bolsa da mãe ao primeiro sinal de perigo.

Golfinho-nariz-de-garrafa.

MAMÍFEROS TÊM O CÉREBRO BEM DESENVOLVIDO

Em geral, eles são muito inteligentes. Claro, os humanos são os mais inteligentes, mas existem outros mamíferos bastante inteligentes, como golfinhos, porcos, cães e chimpanzés.

INCRÍVEL!

Ornitorrinco

Dois tipos de mamíferos põem ovos: o ornitorrinco e a equidna. As mães ornitorrincos mantêm os ovos aquecidos com o corpo até eles eclodirem, em cerca de dez dias. Elas, então, alimentam os bebês com leite. As mães equidnas mantêm os ovos seguros em suas bolsas, onde os bebês eclodem e bebem leite.

MAMÍFEROS NO INVERNO E NA ÁGUA

ALGUNS MAMÍFEROS DORMEM DURANTE O INVERNO GELADO

Para conservar energia num momento em que seria difícil se manter aquecido e encontrar comida, muitos mamíferos hibernam ou entram em períodos intermitentes de sono profundo. À medida que o tempo frio se aproxima, os ursos, arganazes e até mesmo alguns morcegos procuram um lugar seguro e confortável para se aconchegarem. Conforme adormecem mais profundamente, os batimentos cardíacos e a respiração diminuem, e a temperatura corporal cai. Eles vivem da gordura corporal acumulada antes do inverno. Assim que os dias ficam quentes, eles acordam e voltam a viver normalmente.

Urso-negro

JÁ PAROU PARA PENSAR...

QUAL ANIMAL DORME POR MAIS TEMPO?

O urso-negro é um dos campeões mundiais em soneca. Seu sono de inverno dura sete meses – mais da metade do ano!

Baleia-jubarte jorrando por seus respiradouros.

Baleias respiram através de respiradouros

As baleias têm um buraco no topo da cabeça, como uma narina achatada – algumas espécies têm uma; outras têm duas. Ela permite que as baleias respirem sem precisar subir à superfície. Os músculos ao redor do respiradouro o fecham firmemente para evitar que a água entre nos pulmões das baleias quando elas estão debaixo d'água. Quando exalam hálito quente, elas podem lançar um jato enevoado no ar frio que pode chegar a doze metros de altura!

NEM TODOS OS MAMÍFEROS VIVEM EM TERRA

Peixes-boi, focas, golfinhos e baleias vivem na água. Seus membros dianteiros evoluíram para nadadeiras e as patas traseiras se fundiram em caudas para ajudá-los a nadar melhor.

As focas podem "andar" com suas nadadeiras.

Baleia-azul deslizando abaixo da superfície do oceano.

INCRÍVEL!

A baleia-azul é o maior animal do mundo – ela é tão grande que um ser humano adulto poderia rastejar dentro de seu principal vaso sanguíneo! Um filhote recém-nascido de baleia-azul é tão grande quanto um elefante adulto e pode chegar a mais de quinze metros de comprimento aos seis meses, alimentando-se apenas de leite materno!

MAMÍFEROS QUE COMEM VEGETAIS

MAMÍFEROS HERBÍVOROS COMEM APENAS PLANTAS

Seus dentes da frente são projetados para agarrar e puxar a matéria vegetal, enquanto os dentes posteriores são grandes e planos para triturá-la.

Os herbívoros tendem a viver em grandes grupos, às vezes com outros mamíferos, por segurança. Por serem presas de carnívoros, esses animais vivem em constante estado de alerta.

JÁ PAROU PARA PENSAR...

QUANTO UM ELEFANTE PRECISA COMER?

A maioria dos herbívoros passa grande parte do dia comendo. Animais grandes, como os elefantes, precisam de cerca de 130 quilos de comida por dia para se manterem vivos, podendo levar até dezoito horas de pastoreio. É muita vegetação para consumir!

Os elefantes usam sua tromba poderosa para arrancar a vegetação e colocá-la na boca.

Orangotango se alimentando de frutas.

ALGUNS ANIMAIS OCUPAM OS TOPOS DE ÁRVORES

Macacos, símios, lêmures, gálagos e lóris são todos primatas. Esses herbívoros encontram segurança contra predadores no alto das árvores. Seus braços e patas longos e fortes, com dedos das mãos e dos pés que seguram com força, fazem deles excelentes escaladores.

Alguns herbívoros ruminam o alimento

Veados, girafas e gado são ruminantes. Enquanto pastam, eles simplesmente mastigam um pouco e engolem a grama ou as folhas em uma parte especial do estômago, onde o alimento é amolecido. Mais tarde, sentados ou em pé, quietos, alertas aos predadores, eles regurgitam (trazem de volta à boca) o alimento ruminado – como é chamado o alimento meio mastigado – e o mastigam corretamente.

As girafas são os mamíferos mais altos: suas patas têm 1,80 metro de comprimento – o mesmo que um ser humano alto.

INCRÍVEL!

Alguns herbívoros são exigentes na alimentação: comem apenas uma parte de uma planta específica. Os pandas comem apenas bambu; os coalas comem apenas folhas de eucalipto; e os ratos-do-mato comem apenas as folhas do abeto-de-douglas. Outros comem qualquer matéria vegetal disponível, desde cascas de árvores até raízes e pequenos galhos.

MAMÍFEROS QUE CAÇAM

Doninha

GATOS, CÃES E URSOS SÃO CARNÍVOROS

Muitos outros mamíferos, como hienas, doninhas, guaxinins, comem carne. Geralmente eles têm garras e dentes longos e afiados que os ajudam a capturar e despedaçar suas presas.

A chita é o animal mais rápido

Esse felino pode chegar a quase 95 km/h – mas a corrida é bem curta. Normalmente, a chita alcança sua presa em um raio de 250 metros e leva menos de vinte segundos para conseguir sua refeição! Mas a rainha da velocidade logo fica sem fôlego. Se um impala ficar fora do alcance por mais de quinhentos metros, está seguro – pelo menos desta vez!

Raposa-do-ártico em perfeita camuflagem

INCRÍVEL!

Alguns mamíferos mudam de pelagem de acordo com a estação. Lebres, raposas e lobos no norte nevado se enquadram nesse grupo. Sua pele marrom fica branca no inverno para camuflá-los na neve. O pelo também fica mais grosso para protegê--los do frio. Essa pele branca e macia costumava ser altamente valorizada e, como resultado, os animais eram caçados.

A maioria dos caninos vive e caça em bandos

Os chacais, por exemplo, vivem em grupos familiares muito unidos, partilhando todos os trabalhos. Às vezes, uma jovem chacal fêmea pode ficar em casa cuidando dos filhotes, enquanto todas as outras mães saem para caçar. Lobos e cães selvagens africanos também caçam em grupos. Primeiro, eles se espalham para ter uma boa visão da paisagem e, depois, se aproximam da presa. Eles mantêm contato entre si por meio de latidos, uivos e linguagem corporal.

Urso-polar

URSOS-POLARES NADAM NO ÁRTICO GELADO

Mais ou menos dez vezes mais pesado que uma pessoa adulta, o poderoso urso-polar é o maior de todos os mamíferos terrestres carnívoros. Esses ursos vagam pelo norte da Europa, norte da Ásia e pela América do Norte. Quando o Oceano Ártico não está congelado, eles nadam protegidos por pelos grossos e uma camada de gordura. Os ursos adultos comem peixes, focas e até baleias-beluga.

Matilha de cães selvagens na África

A veloz chitas

JÁ PAROU PARA PENSAR...

POR QUE AS ZEBRAS SÃO LISTRADAS?

Na neblina quente das planícies africanas, as listras pretas e brancas parecem se mover, confundindo leões e outros predadores. Cada zebra tem o próprio padrão de listras, então elas também podem ajudar os filhotes a encontrarem suas mães no rebanho.

125

O QUE FAZ VOCÊ SER VOCÊ

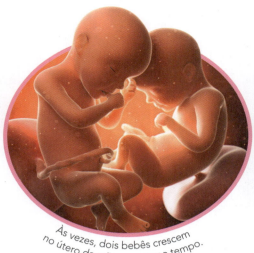
Às vezes, dois bebês crescem no útero da mãe ao mesmo tempo.

SÓ EXISTE UMA PESSOA COMO VOCÊ EM TODO O MUNDO

Mesmo no meio de uma multidão, as pessoas que te conhecem conseguem encontrar você. Sua pele tem uma cor específica; seu rosto tem um formato específico; bem como seus olhos e nariz, sua altura, a maneira como você anda e fala... tudo isso torna você uma pessoa única, diferente de todas as outras.

Cada pessoa na Terra é diferente.

JÁ PAROU PARA PENSAR...

O QUE É O SEU UMBIGO?

Seu umbigo é a parte do corpo que ligava você à sua mãe. Um bebê cresce dentro do útero da mãe por nove meses. Ele recebe toda a comida e o oxigênio necessários para crescer através de um longo tubo chamado cordão umbilical. Quando o bebê nasce, esse cordão é cortado. O que resta é o umbigo.

Médico cortando e pinçando o cordão umbilical de um bebê.

INCRÍVEL!

Gêmeos idênticos se desenvolvem a partir de um óvulo fertilizado que se divide em dois. Os dois bebês serão do mesmo sexo e muito parecidos na aparência. Por outro lado, os gêmeos não idênticos são formados quando dois óvulos separados são fertilizados. Os bebês podem ser ou não do mesmo sexo, e serão tão parecidos na aparência quanto outros irmãos não gêmeos.

Com quem você acha que se parece?

VOCÊ HERDA OS GENES DE SEUS PAIS

Os genes são transportados no esperma do seu pai e no óvulo da sua mãe. Os genes determinam as características que são transmitidas a você por seus pais.

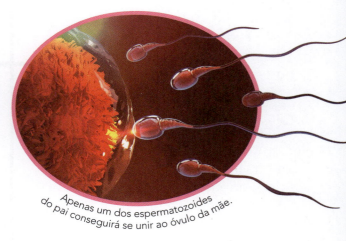

Apenas um dos espermatozoides do pai conseguirá se unir ao óvulo da mãe.

Você começou como uma pequena célula

Você começou quando um espermatozoide de seu pai se juntou a um óvulo de sua mãe. Uma célula do tamanho da ponta de um alfinete se formou e começou a se dividir em mais e mais células, até formar um bebê. Esse bebê era você.

SEU INCRÍVEL CORPO

SEU CORPO É FORMADO POR CERCA DE 50 BILHÕES DE CÉLULAS MINÚSCULAS

Diferentes tipos de células têm funções diferentes. Essas células recebem instruções sobre como crescer e funcionar a partir de genes – metade dos seus genes vem da sua mãe e metade vem do seu pai.

Quando seu corpo funciona bem, você está saudável.

CRESCER LEVA TEMPO

Você ficará maior e mais forte e continuará mudando de forma até entre 18 e 21 anos. Depois disso, você irá parar de crescer, embora seus músculos continuem a se desenvolver dependendo de quanto você os exercita.

H_2O

A maior parte do nosso corpo é composta de água.

INCRÍVEL!

Se você tirasse toda a água do seu corpo, ela encheria uma jarra gigante acima da sua cintura. O corpo humano é composto por mais de 65% de água. As células constituem o resto. Grupos de células que realizam o mesmo tipo de trabalho são chamados de tecidos. Os tecidos se agrupam para formar diferentes órgãos, como o coração ou o estômago. Cada órgão também tem uma função específica a cumprir.

Seu corpo funciona como um todo

As partes do seu corpo, tanto as partes externas (como braços e pernas) quanto as partes internas (como o coração e os ossos e músculos que você não consegue ver) trabalham juntas como se fossem diferentes partes de uma máquina, para que você consiga rir, chorar, andar, pular, ler e dormir...

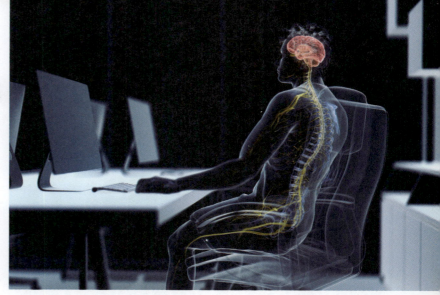

Mesmo quando estamos sentados, diferentes partes do nosso corpo – cérebro, músculos, ossos, coração e pulmões – trabalham em conjunto.

Cada tecido tem o próprio grupo de células

Células intestinais

Células sanguíneas

Células do fígado

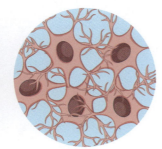
Células nervosas

Células-tronco

Células musculares

POR QUE ÀS VEZES VOCÊ FICA DOENTE?

Você fica doente quando germes minúsculos e nocivos entram em seu corpo. Eles interferem nas células e as impedem de realizar seu trabalho. Células protetoras especiais, chamadas glóbulos brancos, precisam se apressar para destruir os germes, devorando-os para você sarar. Às vezes, se os germes forem muito fortes, os glóbulos brancos precisarão de uma ajudinha do médico.

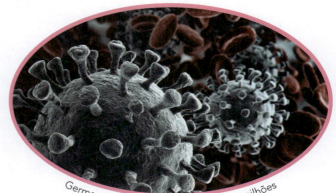

Germes de coronavírus, que deixaram milhões de pessoas doentes em todo o mundo.

131

A ARMADURA QUE SEU CORPO USA

SUA PELE É A PRIMEIRA LINHA DE PROTEÇÃO DO SEU CORPO

Conforme você cresce, sua pele cresce junto. Ela serve em você como uma luva, evitando a entrada de sujeira e germes, que podem causar infecções, e impedindo que você fique com muito frio ou muito calor. Além disso, sua pele contém um óleo que ajuda a torná-la impermeável. Se sofrer um corte ou machucado, ela sara sozinha, e uma nova pele cresce sobre a área ferida.

A pele mais grossa fica na parte inferior dos pés.

A pele cria tecido cicatricial para se curar.

INCRÍVEL!

A espessura da pele varia em diferentes partes do corpo. É mais espessa nas palmas das mãos e nas solas dos pés e mais fina nas pálpebras. As células da camada superior da pele são substituídas o tempo todo. Na verdade, grande parte da poeira em sua casa é, na verdade, pele, já que o nosso corpo elimina cerca de quarenta mil flocos de pele a cada minuto!

O cabelo é a versão humana da pele animal

Ele evita que a cabeça fique quente ou fria demais e a protege dos nocivos raios ultravioleta do sol. O cabelo cresce a partir de buraquinhos na nossa pele. Se o buraquinho for redondo, o cabelo cresce reto; cabelos cacheados crescem em buracos ovais. As palmas e solas das mãos e dos pés não têm pelos.

Uma cabeça humana tem, em média, de 125 a 200 fios de cabelo por cm².

AS UNHAS SÃO MUITO IMPORTANTES

Feitas de queratina, a mesma substância que compõe a pele e o cabelo, as unhas protegem as pontas dos dedos das mãos e dos pés e muitas vezes indicam o quão saudável você é. Unhas lisas e limpas, de uma bela cor rosa, indicam que você está bem.

Unhas saudáveis

JÁ PAROU PARA PENSAR...

POR QUE ALGUMAS PESSOAS TÊM PELE CLARA E OUTRAS TÊM PELE ESCURA?

A pele contém uma coloração especial, chamada melanina, que nos protege dos raios nocivos do sol, capazes de queimar a pele. A pele escura tem mais melanina do que a pele clara.

É a melanina que causa as sardas.

133

SUA ESTRUTURA ÓSSEA

OS OSSOS DÃO FORMA AO CORPO

Se você não tivesse ossos, seria como uma água-viva mole e sem forma, incapaz de ficar em pé. São os seus ossos que ajudam você a fazer muitos movimentos diferentes. Eles também ajudam a proteger as partes moles do corpo: o crânio protege o cérebro e as costelas protegem o coração e os pulmões.

OS OSSOS SÃO DUROS E FORTES

Dentro da dura camada externa, há outra camada de osso macio e esponjoso. A maioria dos ossos do corpo é feita de um mineral chamado cálcio e alguns estão cheios de uma substância pastosa chamada medula. Parte dessa medula produz novos glóbulos vermelhos e brancos.

Medula

INCRÍVEL!

Você tinha cerca de trezentos ossos quando nasceu. À medida que você cresce, alguns ossos se unem para formar um único osso, por isso os adultos têm menos ossos. Seus ossos continuarão a crescer até os 25 anos, então você ficará maior e com mais peso. Mais da metade dos ossos do seu corpo estão nas mãos e nos pés!

As articulações permitem que os ossos se movam

Os ossos do seu corpo se unem para formar uma estrutura chamada esqueleto. As articulações são as partes onde os ossos se unem. Algumas articulações são imóveis, outras permitem que os ossos se movam em diferentes direções. As bordas dos ossos nessas articulações são protegidas pela cartilagem, o que permite que os ossos se toquem suavemente e não se desgastem.

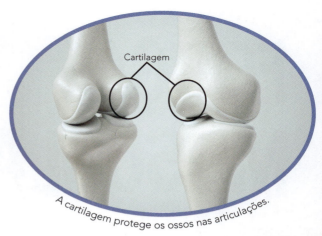

A cartilagem protege os ossos nas articulações.

Esqueleto humano

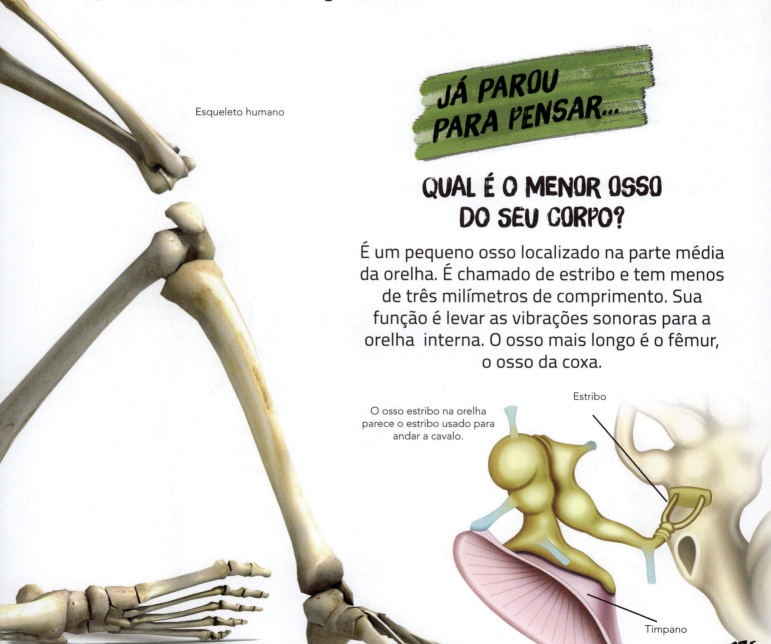

JÁ PAROU PARA PENSAR...

QUAL É O MENOR OSSO DO SEU CORPO?

É um pequeno osso localizado na parte média da orelha. É chamado de estribo e tem menos de três milímetros de comprimento. Sua função é levar as vibrações sonoras para a orelha interna. O osso mais longo é o fêmur, o osso da coxa.

O osso estribo na orelha parece o estribo usado para andar a cavalo.

Estribo

Tímpano

135

FORÇA MUSCULAR

OS MÚSCULOS CONTROLAM TODOS OS MOVIMENTOS DO SEU CORPO

Você tem mais de seiscentos músculos para conseguir mover diferentes partes do corpo. Os músculos dos braços levantam e puxam; os dos polegares permitem que você segure as coisas; os do peito ajudam você a respirar. Os músculos do coração fazem-no funcionar. Quase metade do peso do seu corpo é peso muscular.

Patinar é difícil no início, mas fica mais fácil à medida que praticamos.

INCRÍVEL!

Se você fizer algo muitas e muitas vezes, seus músculos "aprenderão" esses movimentos e se tornarão cada vez mais precisos com o tempo. A ação se torna parte da sua "memória muscular" e permite que você reaja usando seu instinto. É por isso que dizemos que "a prática leva à perfeição".

136

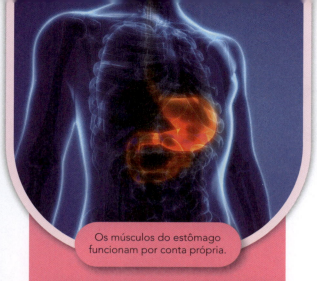

Os músculos do estômago funcionam por conta própria.

ALGUNS MÚSCULOS FUNCIONAM POR CONTA PRÓPRIA

Existem alguns músculos que esperam que você lhes diga o que fazer – chutar uma bola ou levar uma colher até a boca. Outros músculos, como os que empurram a comida pela garganta quando você engole, e os músculos do coração, não são controlados por você: eles sabem o que fazer.

Exercício é bom para os músculos

A atividade física trabalha os músculos e os torna mais fortes e maiores. Ela também os mantém flexíveis. Se não usarmos os músculos, eles irão encolher e se enfraquecer.

Flexões fortalecem os músculos do peito e dos braços.

Seus ossos se movem quando você contrai e relaxa os músculos

Os músculos estão fixados aos ossos pelas articulações e geralmente trabalham em pares. Quando um músculo se contrai, o outro relaxa, puxando o osso para um lado. Quando o primeiro relaxa e o segundo se contrai, o osso volta a se mover.

Levantar um haltere contrai os músculos da frente do braço e relaxa os músculos de trás.

JÁ PAROU PARA PENSAR...

QUAL MÚSCULO TRABALHA MAIS?

O músculo cardíaco é o que mais trabalha: ele funciona em todos os momentos da nossa vida.

137

O QUE ACONTECE QUANDO COMEMOS

A COMIDA PRECISA SER DIGERIDA

Os alimentos que você ingere contêm vitaminas e minerais necessários para o seu corpo obter energia, crescer, manter-se saudável e fazer atividades. Mas todos os elementos nutritivos dos alimentos estão presos em substâncias complexas. Antes que seu corpo possa absorver os nutrientes, as substâncias devem ser decompostas por meio de um processo chamado digestão.

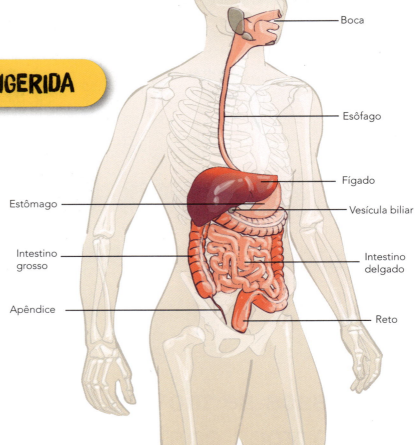

Boca
Esôfago
Fígado
Vesícula biliar
Estômago
Intestino grosso
Intestino delgado
Apêndice
Reto

Você tem dois intestinos

O intestino delgado tem cerca de sete metros de comprimento. A primeira parte continua a decompor os alimentos, enquanto a segunda absorve os nutrientes para o sangue. Tudo o que não pode ser aproveitado é enviado para o intestino grosso, de 1,5 metro de comprimento, para ser eliminado como resíduo.

INCRÍVEL!

Os sucos produzidos pelo estômago são ácidos. Eles ajudam a matar as bactérias que você pode ter ingerido com a comida. O estômago tem um revestimento muito grosso para evitar que esse ácido o prejudique.

A digestão é um processo longo

Na boca, os dentes esmagam a comida e misturam saliva antes de empurrá-la por um longo tubo que vai da boca até o estômago. Os sucos no estômago transformam a comida em uma massa antes de espremê-la através de tubos longos e enrolados chamados intestinos. Lá, tudo o que o corpo pode aproveitar é absorvido pelos alimentos e o resto é eliminado como resíduo.

Mastigar é apenas o começo do processo digestivo.

As bactérias boas (em verde) nos intestinos ajudam a controlar a digestão.

POR QUE SEU ESTÔMAGO RONCA ÀS VEZES?

As paredes do estômago e dos intestinos estremecem à medida que se contraem e se expandem. O volume é mais alto quando o estômago está vazio porque a comida abafa o som.

A COMIDA FICA NO ESTÔMAGO POR HORAS

Os sucos (chamados enzimas) produzidos pelo revestimento do estômago precisam de tempo para quebrar lentamente a comida e liberar os nutrientes bons. Demora cerca de quatro horas até que o alimento esteja pronto para ir ao intestino delgado.

Se você comer demais, vai sentir seu estômago muito cheio.

O SANGUE DA VIDA

O SANGUE MANTÉM VIVO CADA PEDACINHO DE NÓS

O sangue transporta oxigênio e a parte saudável dos alimentos que você ingere para todas as pequenas células do seu corpo – é assim que as mantém vivas e funcionando corretamente. Ele também coleta os resíduos e os leva embora, para que o corpo possa se livrar deles. Ao fazer tudo isso, ele também espalha o calor, para que os dedos das mãos e dos pés permaneçam tão quentes quanto o resto do seu corpo.

Ilustração 3-D do sistema arterial masculino

Estamos vivos e ativos por causa do sangue que circula no nosso corpo.

INCRÍVEL!

São necessários cerca de cem mil quilômetros de vasos sanguíneos para fornecer a cada célula do seu corpo o oxigênio e a energia para você se manter saudável! O coração de um adulto bate cerca de setenta vezes por minuto, expelindo o equivalente a uma xícara cheia de sangue a cada batida para manter essa rede funcionando.

O sangue circula pelo corpo

Seu sangue viaja pelo corpo em tubos estreitos chamados vasos sanguíneos. As artérias transportam sangue rico em oxigênio e nutrientes para todas as partes do corpo. Capilares menores passam isso para as células, recuperam o sangue pobre em oxigênio e se conectam às veias. As veias transportam o sangue pobre em oxigênio de volta ao coração, que reabastece o sangue e o bombeia novamente para as artérias.

Coração

O CORAÇÃO É O CENTRO DE CONTROLE

Seu coração é um músculo especial que trabalha o tempo todo, mesmo quando você dorme profundamente. Está localizado no meio do peito, um pouco à esquerda, entre os pulmões. Tão grande quanto o seu punho, seu coração é forte o suficiente para bombear sangue por todo o corpo, não importa se você está em pé, pulando, correndo ou descansando.

É POSSÍVEL SENTIR O CORAÇÃO BATENDO?

Depois de correr um pouco, às vezes você pode sentir o coração batendo no peito. Correr aumenta o batimento do seu coração, fazendo mais sangue chegar aos músculos que estão se esforçando mais – neste caso, as pernas. Normalmente, se você colocar os dedos na parte interna do pulso, poderá sentir a pulsação constante do sangue movendo-se no ritmo dos batimentos cardíacos.

Você pode sentir sua pulsação tocando no pulso.

UM POUCO DE AR FRESCO

Narina
Laringe
Pulmão direito
Diafragma

OS SERES VIVOS PRECISAM DE OXIGÊNIO PARA PERMANECEREM VIVOS

Se a sua fonte de oxigênio fosse cortada, as células do seu corpo morreriam em segundos. Esse oxigênio essencial é fornecido às células de todas as partes do corpo pelo chamado sistema respiratório. No centro desse sistema estão os pulmões.

As pregas vocais estão localizadas na laringe.

INCRÍVEL!

O sistema respiratório ajuda você a falar. Quando quer falar, cantar ou fazer um barulho, você inspira e força o ar a sair pelas pregas vocais na garganta. Isso as faz vibrar e criar sons diferentes. É por isso que você não consegue falar quando está sem fôlego!

A respiração move o ar para dentro e para fora dos pulmões

Nos pulmões, o oxigênio do ar que você inspira é absorvido pela corrente sanguínea e transportado para o resto do corpo pelo coração que bombeia. Ao mesmo tempo, o dióxido de carbono, transportado pelo sangue das células para os pulmões, é liberado no ar que você expira. Se esse dióxido de carbono permanecesse no seu sangue, você se envenenaria.

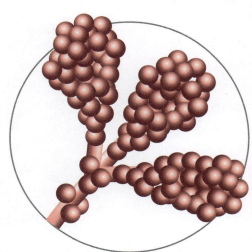

Movimentos do peito durante a respiração

- Você inspira — Os pulmões se expandem — O diafragma se expande — Inalação
- Você expira — Os pulmões se contraem — O diafragma se contrai — Exalação

— Traqueia

— Pulmão esquerdo

A troca de oxigênio e dióxido de carbono nos pulmões ocorre em pequenos sacos, chamados alvéolos.

O DIAFRAGMA NOS AJUDA A RESPIRAR

Ele é um músculo que fica logo abaixo dos pulmões. Quando você expira, o peito e os pulmões ficam menores, e o diafragma se arqueia para cima para expelir o ar viciado. À medida que você inspira, o diafragma se achata, o peito se expande e os pulmões ficam maiores; o ar sobe pelo nariz, desce pela traqueia e chega aos pulmões. Tudo isso acontece em apenas alguns segundos.

JÁ PAROU PARA PENSAR...

POR QUE EU BOCEJO?

Acontece quando você fica um tempo sem respirar fundo, por cansaço ou por ficar muito tempo em repouso, sem receber oxigênio suficiente. Para absorver mais oxigênio, seu corpo faz você inspirar um grande "gole" de ar pela boca.

Muitas vezes você boceja ao acordar porque isso ajuda o corpo a expandir os pulmões.

143

CHEFE DO CORPO

O CÉREBRO NOS DIZ O QUE FAZER

Seu cérebro controla como você pensa, sente e se comporta. Ele armazena tudo o que você aprendeu, todas as suas emoções, seus pensamentos e memórias, preocupações e sonhos. Com base em todas essas informações, ele diz ao seu corpo como funcionar e controla tudo o que você faz. O cérebro é extremamente inteligente.

Trinta e um pares de nervos se ramificam da medula espinhal para todo o corpo.

A medula espinhal também pode controlar reações

Às vezes, o corpo reage automaticamente, mesmo antes de a mensagem chegar ao cérebro. Essa é uma ação reflexa, controlada pela medula espinhal. Um exemplo disso é quando sua garganta ou narina fica irritada e você tosse ou espirra sem pensar.

INCRÍVEL!

O cérebro tem duas metades distintas. Os nervos entram no cérebro de forma cruzada. Como resultado, o lado esquerdo do cérebro controla o lado direito do corpo, enquanto a metade direita controla o lado esquerdo do corpo. Embora não se mova, o cérebro trabalha o suficiente para utilizar cerca de 20% da energia do corpo.

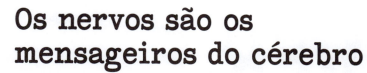

Os nervos são os mensageiros do cérebro

Eles carregam mensagens, na forma de pequenos pulsos elétricos. Os nervos vão da medula espinhal – uma grossa corda de nervos dentro da coluna vertebral – para todas as partes do corpo. Juntamente com o cérebro, eles formam o sistema nervoso.

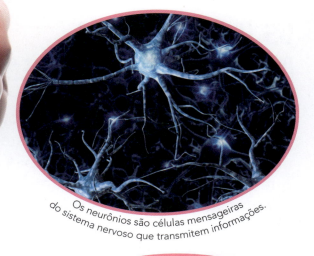

Os neurônios são células mensageiras do sistema nervoso que transmitem informações.

Cérebro

OS SENTIDOS DIZEM AO CÉREBRO O QUE ESTÁ ACONTECENDO

Os seus cinco sentidos – visão, audição, tato, olfato e paladar – estão constantemente em contato com o seu cérebro, permitindo que ele saiba o que está acontecendo ao seu redor para dizer ao corpo como reagir.

UM CÉREBRO GRANDE É MAIS INTELIGENTE QUE UM PEQUENO?

O cérebro humano é cerca de três vezes maior que o de outros mamíferos do mesmo tamanho, e os humanos são, definitivamente, os animais mais inteligentes. Entre os humanos, porém, ter um cérebro maior não significa ser mais inteligente.

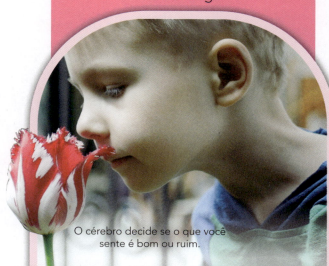

O cérebro decide se o que você sente é bom ou ruim.

VER E OUVIR

A orelha externa é projetada para coletar e canalizar ondas sonoras para a orelha média.

OS OLHOS ENVIAM IMAGENS PARA O CÉREBRO

Cada um dos seus olhos é uma bola. Dentro dessa bola, na frente, existe um buraco negro, chamado pupila, que deixa entrar luz. Essa luz atinge a retina, na parte de trás do olho, como uma imagem invertida. A retina converte essas imagens em sinais elétricos e as envia ao cérebro através do nervo óptico.

Diagrama de um olho
É no córtex visual do cérebro que a imagem é decodificada.

As orelhas captam ondas sonoras

As partes externas da orelha captam sons do ar, que entram na orelha como ondas minúsculas e invisíveis. Essas ondas fazem o tímpano se mover para cima e para baixo, o que também faz vibrar pequenos ossos no fundo da orelha. Essa vibração é transportada para o líquido da orelha interna, onde é convertida em sinais elétricos para o cérebro.

No escuro — Em um lugar bem iluminado

O tamanho da pupila varia de acordo com a luz disponível.

OS OLHOS SE AJUSTAM CONSTANTEMENTE À LUZ

Os músculos dentro e ao redor do olho automaticamente tentam garantir que você veja o mais claramente possível. Por exemplo, as pupilas ficam menores quando há muito brilho, para que entre menos luz em cada olho. À noite, ou quando está escuro, as pupilas se abrem captando toda a luz para que você possa ver.

JÁ PAROU PARA PENSAR...

POR QUE TEMOS DOIS OLHOS E DUAS ORELHAS?

Dois olhos enviam ao cérebro as mesmas imagens de ângulos ligeiramente diferentes. O cérebro compara as duas e é capaz de calcular com precisão a distância que as coisas estão de nós. Com uma orelha de cada lado da cabeça, é mais fácil saber de onde vem o som.

INCRÍVEL!

O fluido na orelha interna também ajuda no equilíbrio. O cérebro compara o modo como esse fluido se move e seu ângulo de inclinação com as informações que recebe dos olhos. Quando você gira rápido por um tempo e depois para, você sente tontura porque seu cérebro está confuso: seus olhos dizem que você não está se movendo, mas o fluido na orelha interna continua girando!

As orelhas não só ouvem, mas também ajudam no equilíbrio.

CHEIRAR E DEGUSTAR

Narinas

VOCÊ CHEIRA COM OS PELINHOS DO NARIZ

Seu nariz é dividido em duas narinas. Quando você inspira, o ar que entra nas narinas passa por pequenas células na parte superior da passagem nasal. Essas células são cobertas por minúsculos pelos que prendem o cheiro e enviam sinais nervosos ao cérebro para serem decodificados.

O OLFATO E O PALADAR TRABALHAM JUNTOS

Quando você come um biscoito que acabou de sair do forno, seu nariz sente o cheiro doce e as papilas gustativas em sua língua captam o sabor. O cérebro combina os dois e diz que o biscoito está uma delícia!

O nariz consegue detectar a diferença de cheiro entre um pêssego e um damasco.

Se seu nariz estiver entupido, você não sentirá bem o gosto das coisas.

148

A língua tem sensores de sabor

Eles são chamados de papilas gustativas e há cerca de 10 mil na nossa língua. Cada um é coberto por muitos pelos minúsculos. Quando a saliva se mistura com a comida, ela dissolve os sabores e os transporta pela língua.
Os pelinhos os detectam e enviam sinais ao cérebro para decifrá-los.

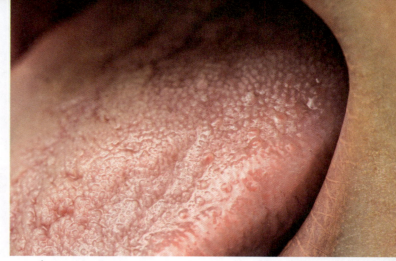

É possível ver as papilas gustativas na superfície da língua.

Diferentes papilas gustativas sentem sabores diferentes

A língua pode sentir quatro sabores diferentes: doce, azedo, salgado e amargo. Houve uma época em que os cientistas pensavam que as papilas gustativas de cada gosto estavam localizadas em partes específicas da língua, mas agora eles acreditam que, talvez, elas estejam misturadas.

INCRÍVEL!

Seu nariz pode captar mais de dez mil cheiros! Os cheiros que flutuam no ar são, na verdade, pequenas partículas invisíveis. Às vezes, quando não reconhecer um cheiro, dê uma fungada. Isso atrai mais partículas para o nariz e pode te ajudar a descobrir o cheiro.

JÁ PAROU PARA PENSAR...

POR QUE A COMIDA TEM UM GOSTO ESTRANHO QUANDO ESTAMOS RESFRIADOS?

Se o seu nariz estiver entupido, o cérebro recebe apenas metade da informação de tudo o que você come, por isso ele a processa de forma diferente, deixando com um sabor estranho até os alimentos que você sempre come.

149

A CIÊNCIA POR TRÁS DAS COISAS

SÓLIDOS, LÍQUIDOS E GASES

TUDO AO NOSSO REDOR ASSUME UM DOS TRÊS ESTADOS

Um sólido tem uma forma particular que não muda facilmente. Um líquido flui e deve ser mantido em um recipiente para não formar uma poça. Um gás pode flutuar se não estiver em um recipiente lacrado.

O QUE É VAPOR?

Quando a água é fervida e se transforma em vapor d'água, ela flutua como um gás invisível. Mas quando o vapor toca o ar frio ao seu redor, ele esfria e começa a passar de um gás invisível para um líquido. Nesta fase, podemos vê-lo porque ele é composto por massas de minúsculas gotículas de água líquida. Isso é vapor.

Vapor subindo de uma piscina de água quente no Parque Nacional de Yellowstone, nos Estados Unidos.

As formas continuam mudando

Quase todos os materiais mudarão do estado líquido para o gasoso se forem aquecidos suficientemente, bem como de líquido para sólido se esfriarem o necessário. Quando a água é aquecida, ela se transforma em um gás invisível – vapor d'água – e sai flutuando pelo ar. Gelo é o que se forma quando a água fica muito, muito fria e congela em estado sólido.

Quando você mistura sal na água, ele "desaparece".

As temperaturas congelantes do inverno transformam a água de um lago em gelo.

DESAPARECIMENTO

Se você adicionar um pouco de açúcar ou sal a um copo d'água, o sólido parece desaparecer. No entanto, se você sentir o gosto da água, vai ver que ele continua lá. Não desapareceu, mas derreteu ou se dissolveu na água, se tornando parte dela.

INCRÍVEL!

As bolhas nas bebidas gasosas são o gás dióxido de carbono. Você não pode vê-los quando a tampa está na garrafa porque o gás está dissolvido no líquido. Mas há muito dióxido de carbono comprimido na bebida e, quando você abre a garrafa, o gás escapa na forma de bolhas.

O dióxido de carbono cria espuma e efervescência quando despejamos uma bebida com gás.

153

O QUE NOS PUXA PARA BAIXO

NÃO HÁ COMO NEGAR A GRAVIDADE

A Terra tem uma força invisível, chamada gravidade, que puxa tudo em sua direção e impede que coisas como bolas de futebol voem para o espaço. É por isso que você cai "para baixo" e, quando você pula "para cima", tem que fazer um esforço real para chegar o mais alto que puder antes de cair novamente.

INCRÍVEL!

Se não houvesse gravidade, estaríamos todos flutuando sabe-se lá onde – isto é, se existíssemos. É a gravidade do Sol que mantém a Terra em sua órbita, e a gravidade da Terra que mantém a atmosfera enrolada em torno dela como um cobertor de segurança. Todos os planetas e estrelas têm o próprio lugar no Universo devido à forma como a gravidade de cada objeto puxa ou empurra os outros.

Ao tropeçar ou perder o equilíbrio, você cai porque a gravidade puxa você para o chão.

Tamanho e distância são importantes

A Lua tem cerca de um sexto da gravidade da Terra. A quantidade de gravidade depende do tamanho do objeto; objetos maiores têm mais gravidade. É claro que a força dessa gravidade depende da sua distância em relação ao objeto.

Embora a Terra e a Lua tenham gravidade, entre elas não há gravidade, e tudo flutua livremente.

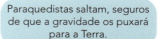

Paraquedistas saltam, seguros de que a gravidade os puxará para a Terra.

MERGULHADORES PODEM CONTROLAR SUA DESCIDA

Quando os paraquedistas saltam de um avião, eles caem em direção ao solo a cerca de 190 km/h. Eles cairiam mais rápido, mas a força do ar empurrando para cima contra a queda os desacelera um pouco. Abrir o paraquedas aumenta a resistência do ar e desacelera o paraquedista para cerca de 20 km/h – ainda assim, isso parece bem rápido quando você está caindo no ar!

JÁ PAROU PARA PENSAR...

A GRAVIDADE PUXA TUDO COM A MESMA FORÇA?

Sim. Se não houvesse ar, uma pena e uma pedra cairiam no chão ao mesmo tempo. As coisas caem a velocidades diferentes devido à forma como o ar as empurra para cima e as desacelera.

155

MATÉRIA DE PESO

A MASSA DETERMINA O PESO

O peso é o efeito da gravidade na massa de um objeto, que é a quantidade de material ou matéria de que ele é feito. Quanto mais massa algo tem, mais a gravidade o puxa para baixo e mais pesado ele é. Objetos do mesmo tamanho nem sempre têm o mesmo peso porque eles não têm a mesma massa.

Serão necessários muitos, muitos balões para igualar o peso deste pote de sorvete.

INCRÍVEL!

Como tudo na Terra, o ar tem peso. Seriam necessários até quatro mil balões para igualar o peso de um pote de sorvete!

VOLUME É O ESPAÇO QUE UM OBJETO OCUPA

Quando você sopra ar em um balão, ele fica maior; o ar precisa de espaço, esticando o balão de borracha. O espaço que o ar ocupa é o volume do ar dentro do balão. Todas as coisas têm volume, seja uma partícula invisível de gás, seja uma montanha.

O espaço ocupado pelo ar é igual ao seu volume.

A massa varia

A massa depende de quão compacta é a matéria em um objeto. Pense em dois potes: um cheio de areia e outro cheio de algodão. O pote de areia seria muito mais pesado porque os grãos de areia se ajustam firmemente dentro dele e uns contra os outros, então, há mais unidades deles, além de mais massa. Em comparação, as partículas de algodão são muito mais afastadas, com muito mais espaços vazios entre elas. Seria necessário muito mais algodão para igualar o peso do pote de areia.

O objeto com massa mais densa é mais pesado.

JÁ PAROU PARA PENSAR...

POR QUE A ÁGUA SOBE QUANDO VOCÊ ENTRA NA BANHEIRA?

Isso acontece porque seu corpo empurra a água para abrir espaço a você. E o único lugar para onde a água pode ir é para cima, então, o nível da água sobe. A água sobe uma quantidade equivalente à quantidade de espaço que você ocupa na água.

FLUTUANDO NO AR E NA ÁGUA

BALÕES FLUTUANTES SÃO MAIS LEVES QUE O AR

As coisas flutuam para cima quando estão mais leves que o ar ao seu redor. Balões cheios de ar têm mais ou menos o mesmo peso do ar ao redor e caem no chão. Os balões que flutuam e voam bem alto estão cheios de hélio, um gás muito mais leve que o ar. Esse gás é utilizado em dirigíveis e em balões de festa.

O gás hélio, mais leve que o ar, permite que um dirigível voe.

As asas de uma aeronave são projetadas para levantá-la no ar.

Quando este navio cargueiro estiver carregado de carga, poderá afundar até o topo da parte vermelha do casco.

158

INCRÍVEL!

As asas de um avião são projetadas de modo que, quando o avião avança, as correntes de ar que passam pelas superfícies superior e inferior das asas criam uma pressão mais baixa na parte superior e uma pressão mais alta na parte inferior. Essa diferença de pressão cria um impulso ascendente, que levanta o avião. Os motores do avião fazem com que ele se mova rápido o suficiente para manter a pressão estável e o avião voando.

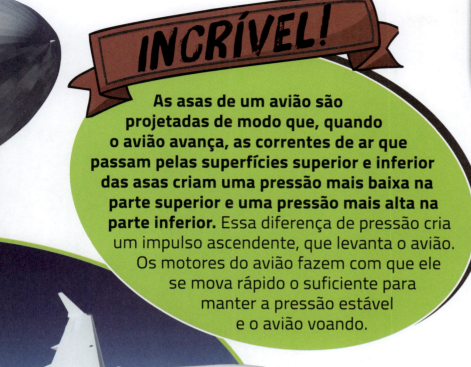

Os peixes nadam com uma bolsa de ar.

OS PEIXES FLUTUAM COM A AJUDA DE UMA CÂMARA DE AR

A maioria dos peixes possui, dentro de si, uma bolsa cheia de gás. Chamada de bexiga natatória, é ela que os ajuda a flutuar. Ao controlar a quantidade de ar nessa bolsa, o peixe altera a profundidade em que nada. Quando quer subir à superfície, ele enche essa bexiga com o oxigênio que respira pelas guelras. Quando a bexiga está vazia, o peixe pode afundar.

JÁ PAROU PARA PENSAR...

COMO É QUE OS NAVIOS GRANDES E PESADOS CONSEGUEM FLUTUAR?

O casco dos navios está cheio de ar. O navio afunda na água até o ponto em que o peso da água que ele empurra corresponde ao seu próprio peso e ao peso do ar nele contido. A profundidade do navio na água depende da carga e da densidade da água.

A água empurra as coisas para cima e as ajuda a flutuar

Quando algo é colocado na água, ela faz uma força ascendente chamada flutuabilidade. Ele só pode flutuar se for mais leve do que a quantidade de água que ele empurra para os lados. Se o objeto for mais pesado, o impulso ascendente da água não será forte o suficiente para sustentá-lo. A água salgada tem mais impulso ascendente do que a água doce e é mais fácil de flutuar.

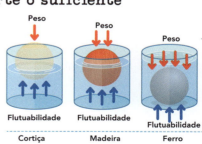

A cortiça tem flutuabilidade suficiente para flutuar facilmente. Já o ferro não tem nenhuma.

159

VENDO A LUZ

A LUZ É UMA FORMA DE ENERGIA

A maior fonte de luz é o Sol, mas também existem outras fontes que emitem luz, como o minúsculo vaga-lume e as criaturas do fundo do mar. A luz é uma forma de energia que podemos ver. Ela viaja de um lugar para outro, como um fluxo de minúsculas partículas chamadas fótons.

JÁ PAROU PARA PENSAR...

QUANTO TEMPO LEVA PARA A LUZ DO SOL CHEGAR ATÉ NÓS?

Os cientistas mediram a velocidade com que a luz viaja e... bem, é rápida: 299.792.458 m/s, para ser exato. A essa velocidade, a luz do sol demora oito minutos para chegar à Terra e apenas 1,3 segundo para viajar da Lua até à Terra!

Raios de sol atravessando a copa da floresta.

Partículas de fótons transportam luz do sol para a Terra em menos tempo do que você leva para tomar seu café da manhã.

Criaturas oceânicas chamadas tunicados produzem a própria luz.

A luz reflete nas superfícies

Árvores, casas e pessoas não emitem luz própria, mesmo durante o dia. Só podemos vê-las porque a luz do sol as reflete em nossos olhos. Esse vaivém é chamado de reflexão. O luar é a luz do sol refletida na Lua em nossa direção.

A luz refletida nos óculos de sol da garota forma a imagem do que ela está olhando.

A LUZ VIAJA EM LINHA RETA

Quando a luz atinge algo plano e liso como um espelho, ela volta direto – como uma bola quicando na parede. Você se vê em um espelho porque a luz reflete no seu rosto em direção ao espelho e depois retorna diretamente para os seus olhos. Se você olhar para a água agitada, a luz retorna em ângulos diferentes e a imagem que seu cérebro vê também são as ondulações.

INCRÍVEL!

Alguns animais produzem a própria luz. Eles têm órgãos especiais dentro de seu corpo, onde substâncias químicas produtoras de luz reagem com o oxigênio que eles respiram, criando o brilho. Muitas dessas criaturas, como alguns tipos de águas-vivas e tunicados, vivem no fundo do mar, onde está sempre escuro, e usam esse brilho para atrair suas presas.

A imagem ondulada se deve à forma como a luz "bate" na superfície da água.

A MAGIA DA LUZ

As portas bloqueiam a luz.

A LUZ PODE PASSAR ATRAVÉS DE CERTOS MATERIAIS

Quando os materiais deixam passar a luz, nós os chamamos de transparentes. Objetos que refletem toda a luz, não deixando nenhuma luz passar, são chamados de opacos. Cortinas grossas e persianas de madeira podem bloquear a luz, deixando os quartos escuros, mesmo durante o dia.

Os prismas têm um formato especial, de modo que a luz se curva ao passar por eles. O mais surpreendente é que algumas cores dobram mais que outras. Como resultado, a luz branca é dividida em diferentes cores. Um prisma claro e transparente mostra um espectro de cores brilhantes e nítidas; se for translúcido, as partículas de luz espalhadas o tornarão confuso.

Prisma dividindo as cores da luz.

Dispersadores de luz

Alguns materiais, como vidro fosco, gelo e plástico, são translúcidos: permitem a passagem da luz, mas não é possível ver claramente através deles. Isso ocorre porque, quando os raios de luz passam, as partículas de luz se espalham, desfocando a imagem.

A sombra comprida mostra que é bem cedo ou fim de noite.

Os painéis de vidro fosco nas laterais da entrada deste escritório embaçam a luz.

SUA SOMBRA PODE MOSTRAR A HORA

Seu corpo não é transparente, então ele bloqueia a luz e forma uma imagem escura, que chamamos de sombra. Se você ficar de costas para o Sol, poderá avaliar a hora do dia pelo comprimento da sua sombra. Ela é mais comprida de manhã e à noite. Ao meio-dia, quando o Sol está alto no céu, sua sombra parece uma poça ao redor de seus pés.

JÁ PAROU PARA PENSAR...

Gnômon

Usando a luz solar, o relógio de sol pode dizer a hora. O gnômon projeta uma sombra que aponta para a hora do dia.

COMO AS PESSOAS CONTAVAM AS HORAS ANTES DE OS RELÓGIOS SEREM INVENTADOS?

O primeiro dispositivo para contar o tempo era um simples gnômon. Foi usado há pelo menos 5.500 anos. Consistia apenas em um pilar e algumas marcações no chão ao seu redor, para os diferentes horários do dia. Com o passar do dia, a sombra criada pela vareta deslocava-se sobre os marcadores, indicando a hora. Imagine a sombra como o ponteiro de um relógio girando e apontando para os números. O gnômon é tão simples que você pode até fazer um em casa!

UM MUNDO EM CORES

A LUZ É COMO O ARCO-ÍRIS

A luz solar é uma mistura de vermelho, laranja, amarelo, verde, azul, anil e violeta. Todas essas cores se combinam para formar um branco brilhante. A luz branca é mais brilhante porque contém toda a luz de um fluxo ou raio de luz.

Um arco-íris se forma quando a luz passa pelas gotas de chuva

Às vezes, quando chove, as gotas de água no ar quebram a luz branca e a espalham em todas as suas cores. Quando isso acontece, vemos um arco-íris.

O CÉU ESTÁ CHEIO DE LUZ AZUL DISPERSA

O ar que nos rodeia não tem cor. O céu parece azul porque os gases e a poeira no ar espalham a luz à medida que ela entra na atmosfera. A cor azul é a que mais se espalha e é isso que vemos.

É a forma como a luz se espalha que colore o céu.

Quando a água no ar quebra os raios de sol, forma-se um arco-íris.

As cores voltam para nós

Quando a luz atinge algo, apenas algumas de suas cores são refletidas. Essa é a mistura de cores que vemos. A grama parece verde porque apenas a luz verde reflete nela – as outras cores da luz são "engolidas". Um objeto é branco porque reflete todas as cores; por outro lado, algo que é preto absorve todas elas.

Os leopardos não conseguem ver bem as cores.

INCRÍVEL!

Geralmente, os animais que vagam e caçam à noite não têm uma visão boa das cores. Cães, gatos, coelhos e ratos, por exemplo, veem as cores como tons mais claros com um tom acinzentado. Macacos, pássaros e esquilos conseguem ver as cores quase tão bem quanto você. No entanto, as abelhas e as borboletas têm supervisão e podem ver a gama de cores ultravioleta!

JÁ PAROU PARA PENSAR...

O QUE É LUZ ULTRAVIOLETA?

Os raios ultravioleta são um tipo de radiação do sol que não podemos ver. A energia desses raios é prejudicial, causando queimaduras solares e até câncer. Felizmente, o gás ozônio na atmosfera impede que a maioria desses raios chegue à Terra.

Camada de ozônio

ONDAS QUE OUVIMOS

Nuvem de vapor ao redor de um caça a jato que quebra a barreira do som.

O SOM É CRIADO POR VIBRAÇÃO

Quando você bate em uma porta ou dedilha as cordas de um violão, você inicia vibrações. Elas são ondas sonoras. As ondas sonoras viajam pelo ar, pela água e até por objetos sólidos. Diferentes sons têm tamanho e formato de onda próprios. É assim que o nosso cérebro os reconhece.

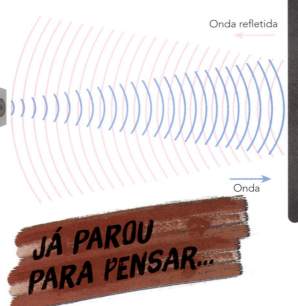

Onda refletida

Onda

JÁ PAROU PARA PENSAR...

O QUE FAZ O SOM ECOAR?

Quando as ondas sonoras são repercutidas de volta ao ponto de partida, causam um eco. Normalmente o som repercute em superfícies duras, como paredes, principalmente em áreas fechadas. Os materiais macios absorvem o som e evitam que ele se desloque mais longe.

Tocar violão faz as cordas vibrarem, criando ondas sonoras.

INCRÍVEL!

Alguns aviões viajam mais rápido que a velocidade do som. Quando eles quebram a barreira do som, ouve-se um grande estrondo, como uma explosão. Isso é chamado de estrondo sônico e é causado pela compressão das ondas sonoras. A mudança na pressão do ar ao redor da aeronave forma uma nuvem de vapor, que nos dá a impressão de que o avião está voando para fora de uma nuvem.

Microfones subaquáticos, como este que está sendo colocado no oceano, podem captar sons criados a muitos quilômetros de distância.

O SOM VIAJA A VELOCIDADES DIFERENTES

A velocidade do som depende da rapidez com que as vibrações podem se propagar. O som viaja mais rápido na água do que no ar. O ar seco carrega vibrações a 343 metros por segundo; a água as conduz a uma velocidade de 1.482 metros por segundo!

Os walkie-talkies captam sinais de rádio.

Sinais de rádio e elétricos transportam som por longas distâncias

O microfone de um telefone transforma a energia sonora em sinais de rádio ou eletricidade para que ela viaje mais longe. Os sinais de rádio são recebidos por telefones celulares e walkie-talkies. Os sinais elétricos fluem por meio de fios entre telefones fixos, em que um pequeno alto-falante transforma a eletricidade de novo em energia sonora.

167

ELETRICIDADE EM WATTS

Os elétrons giram em torno do centro de um átomo.

O MOVIMENTO DOS ELÉTRONS GERA ELETRICIDADE

Os elétrons são tão pequenos que não podemos vê-los. Eles giram em torno do núcleo dos átomos, que são pequenas partículas que constituem tudo. Às vezes, quando muitos átomos se reúnem, os elétrons se movem de um átomo para outro na mesma direção. Esse fluxo de elétrons é chamado de eletricidade.

Como a eletricidade flui em dois tipos diferentes de circuitos.

Gerador de eletricidade movido a óleo diesel.

JÁ PAROU PARA PENSAR...

COMO FUNCIONAM OS GERADORES DE ELETRICIDADE?

Eles são movidos a energia eólica (do vento), hídrica (da água), carvão, petróleo, diesel, gás ou combustível nuclear e convertem essa energia em eletricidade.

Rede elétrica

A maior parte da nossa eletricidade é produzida em usinas elétricas por máquinas chamadas geradores. Ela flui para as casas, escolas e cidades por meio de cabos enterrados sob os nossos pés ou de fios pendurados em postes altos. A eletricidade é medida em watts.

Linhas e torres de alta tensão transportam eletricidade das usinas para distribuição às residências.

Pilhas para pequenos aparelhos elétricos

BATERIAS E PILHAS TAMBÉM PRODUZEM ELETRICIDADE

Os metais e outros produtos químicos especiais dentro de pilhas e baterias reagem juntos para produzir eletricidade. Os produtos químicos são perigosos. Por isso, nunca abra uma pilha para olhar dentro dela.

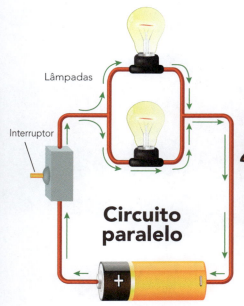

Lâmpadas
Interruptor
Circuito paralelo
Bateria

INCRÍVEL!

Se você colocar um fio de cobre e um clipe de aço em um limão, os metais se misturarão com o suco de limão e produzirão eletricidade. Você também pode produzir eletricidade esfregando um balão contra uma roupa de náilon. Isso é chamado de eletricidade estática e tem poder de atração — o balão vai grudar na parede.

A eletricidade pode ser desligada

A eletricidade só funciona quando pode fluir por um caminho chamado circuito. Quando desligamos um interruptor, interrompemos o circuito, parando o fluxo e desligando os aparelhos elétricos. Ao ligar o interruptor, ativamos o circuito novamente.

Os disjuntores em miniatura (MCBs) desligam-se automaticamente, em caso de falha no sistema elétrico.

OS OPOSTOS SE ATRAEM

POLOS OPOSTOS DE ÍMÃS GRUDAM UNS NOS OUTROS

Se você tiver dois ímãs, o polo norte de um atrairá (puxará) o polo sul do outro, em sua direção. Dois polos norte ou dois polos sul se repelirão (se afastarão). Apenas alguns materiais têm essa qualidade magnética e é por isso que a maioria dos ímãs é feita de ferro ou aço. Os ímãs atraem apenas outros materiais magnéticos.

Lascas de ferro mostrando o padrão do campo de força de um ímã.

INCRÍVEL!

Coloque uma barra magnética no centro de uma folha grossa de papel. Jogue pequenas lascas de ferro ao redor do ímã. A atração magnética fará com que as lascas se movam. Se você ajudar batendo suavemente no papel, eles formarão um desenho claro ao redor do ímã, mostrando seu campo de força.

Os ímãs são úteis em casa para colar notas na porta de aço da geladeira.

170

Os ímãs criam um campo de força invisível

Os ímãs funcionam porque possuem uma força invisível, chamada magnetismo, que os atrai para dentro. O magnetismo cria um campo magnético ao seu redor, mas a força é maior nas extremidades dos ímãs, que são os polos norte e sul.

O ponto vermelho (norte) da agulha da bússola oscila em direção ao Polo Norte da Terra.

COMO ENCONTRAR O CAMINHO SE VOCÊ SE PERDER?

Use uma bússola. É um pequeno dispositivo que cabe no seu bolso. Ela tem uma agulha magnética, que gira livremente – e, quando um ímã pode se mover livremente, o seu polo norte, que é a extremidade traseira da agulha da bússola, será sempre puxado para o Polo Sul magnético da Terra. Assim, a extremidade frontal da agulha da bússola apontará sempre para o Polo Norte magnético da Terra, ajudando você a descobrir as direções e a encontrar o caminho.

A ELETRICIDADE PODE CRIAR UM ÍMÃ

Passar eletricidade através do ferro, enrolando um fio em volta dele, pode criar um ímã poderoso. Isso é chamado de eletromagnetismo, e os eletroímãs podem ser ligados e desligados. O uso mais importante desses ímãs é em motores elétricos, que acionam todos os tipos de dispositivos – desde campainhas e ventiladores até computadores.

Clipes de papel grudam em ambos os polos deste eletroímã simples.

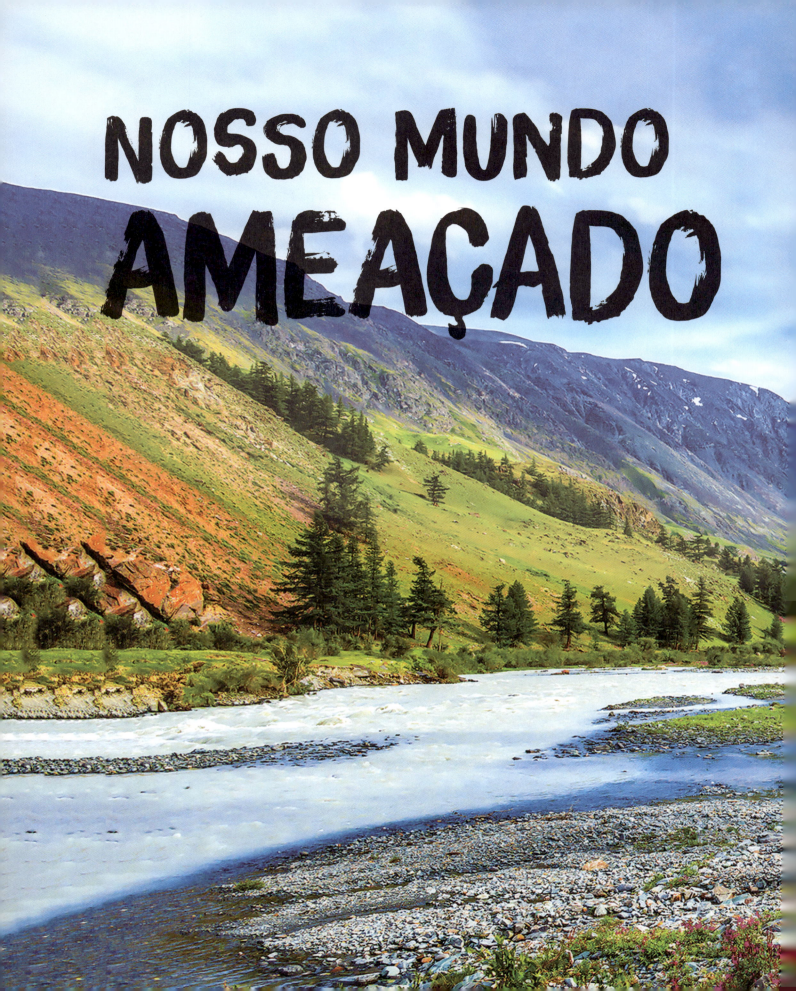

SÓ EXISTE UMA TERRA

A ararinha-azul, do Brasil, é uma espécie de ave em extinção.

A TERRA É ESPECIAL

Até onde sabemos, a Terra é o único planeta que tem vida – e está no Universo há cerca de 3,5 bilhões de anos! Alguns animais e plantas da Terra conseguiriam sobreviver sem respirar ar, mas nenhum deles poderia viver sem água. A Terra é o único planeta do Sistema Solar que tem bastante água líquida na superfície – temos oceanos enormes!

Os humanos colocaram a Terra em perigo

As atividades e estilos de vida humanos criaram muitos problemas para a Terra, tal como a poluição generalizada da terra, da água e do ar, levando ao aquecimento global e ao uso excessivo de recursos naturais. Os humanos perturbaram o delicado equilíbrio da Terra.

A Terra é um planeta lindo que deve ser preservado.

INCRÍVEL!

Infelizmente, devido ao impacto negativo da atividade humana, muitos animais estão em perigo. Milhões de animais diferentes vivem na Terra. É o planeta deles, e nosso também. Um derramamento de óleo no mar prejudica focas, peixes e pássaros. Quando florestas são derrubadas, muitos animais perdem suas casas. Acredita-se que um tipo de animal é extinto a cada trinta minutos por causa do mal que estamos fazendo ao planeta.

Cicatrizes da mineração a céu aberto na superfície da Terra.

O DANO É PROFUNDO

Usada para extrair rochas ou minerais, a mineração a céu aberto é um método que envolve escavar grandes quantidades de terra e vegetação. Durante esse processo, são liberados elementos radioativos naturais nocivos que deveriam permanecer enterrados.

JÁ PAROU PARA PENSAR...

A TERRA PODE SER SALVA?

Pode. Estudos científicos indicam que, embora seja necessário muito tempo para limpar tudo e recuperar a natureza, não é tarde para corrigir os danos que causamos.

Ilustração criada para o Dia Mundial do Meio Ambiente.

SALVE O PLANETA

175

DEVASTAÇÃO POR ÁGUA E FOGO

UMA ENCHENTE PODE AFUNDAR UMA PAISAGEM INTEIRA

Quando chove muito ou por muito tempo, os rios não conseguem mais conter o excesso de água, que ultrapassa as margens e inunda as terras vizinhas. Ao longo da costa, as enchentes podem ocorrer em clima de tempestade, quando marés altas ou ondas gigantescas atingem a costa. Em 1993, o rio Mississipi, nos Estados Unidos, inundou quase 130.000 km², uma área do tamanho da Grécia.

Em 2015, o rio Ob, na Rússia, inundou a cidade de Nizhnevartovsk.

Vista aérea de um incêndio violento

INCÊNDIOS FLORESTAIS PODEM DEVORAR MILHARES DE ÁRVORES

Como as árvores constituem uma fonte imediata de combustível, os incêndios florestais podem varrer as florestas, deixando um rastro de devastação. Incêndios em pastagens ou matagais podem ser igualmente graves. Os incêndios florestais podem ser iniciados por raios ou erupções vulcânicas. Infelizmente, a maioria é causada por descuido humano, como pontas de cigarro e fogueiras.

Cuidado com o tsunami

Criados por um movimento repentino da água após um terremoto, uma erupção vulcânica ou mesmo a ruptura de uma geleira, os tsunamis são ondas enormes e poderosas. Eles podem viajar longas distâncias a velocidades superiores a 500 km/h. À medida que as ondas chegam à costa, as águas mais rasas fazem com que elas se acumulem e cresçam, às vezes atingindo a altura de um prédio de sete andares! Quando eles caem em terra firme, a quantidade e a força da água destroem e carregam tudo para longe.

Um temível tsunami atingiu a costa da Tailândia em 2004.

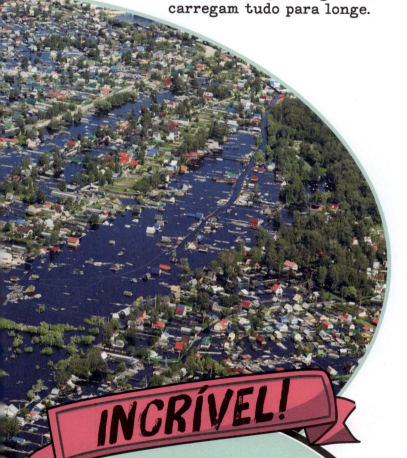

JÁ PAROU PARA PENSAR...

O QUE É UMA ENCHENTE-RELÂMPAGO?

As enchentes-relâmpago acontecem quando uma grande quantidade de água entra de repente em um pequeno rio ou às vezes até mesmo em um leito seco. Pode ser por causa de um dilúvio repentino ou de uma barragem que desabou. Enchentes--relâmpago também podem acontecer no deserto, durante uma chuva rara.

Helicópteros são usados para apagar incêndios florestais, "bombardeando-os" com água.

INCRÍVEL!

Os incêndios florestais são muito difíceis de apagar. Eles se movem a mais de 10 km/h, saltando faíscas de árvore em árvore, e podem até atravessar estradas e rios. O vento pode mudar de direção e não há como dizer para onde ele pode soprar o fogo. Mesmo quando você pensa que o fogo está extinto, as brasas podem lançar outra faísca.

MUDANÇAS CLIMÁTICAS GLOBAIS

Esta imagem feita pela NASA, da cordilheira do Himalaia, no Butão, revela lagos (em azul) se formando nas bordas das geleiras que estão derretendo.

AS TEMPERATURAS ESTÃO AUMENTANDO

Mudanças climáticas significam uma alteração de longo prazo em fatores climáticos, como as chuvas e a temperatura. Isso está acontecendo em todas as regiões da Terra. Os cientistas sabem que, apesar de alguns invernos muito frios, tem havido um aumento constante nas temperaturas médias da Terra ao longo dos últimos 150 anos.

Especialistas de todo o mundo estão estudando as mudanças climáticas.

JÁ PAROU PARA PENSAR...

AS MUDANÇAS CLIMÁTICAS SÃO CONTROLÁVEIS?

A maioria dos cientistas acredita que sim. No entanto, as pessoas precisarão fazer muitas mudanças na forma como vivem, produzem e consomem as coisas. A adoção de tecnologias verdes terá um papel muito importante.

INCRÍVEL!

O gelo polar é muito importante na formação das correntes que movem a água quente do equador para os polos e a água fria de volta ao equador. Estas correntes afetam o clima e, portanto, a vida em terra e nos oceanos.

Um pouquinho já é demais

A Terra está quase 1°C mais quente do que 250 anos atrás. Isso pode parecer pouco para o seu corpo, mas o efeito global desse pequeno aumento é enorme. Os verões têm ficado mais quentes nas últimas décadas, em todo o mundo. Partes do mundo que estavam permanentemente congeladas estão encolhendo à medida que o gelo derrete.

Icebergs estão derretendo e elevando o nível do mar.

Mudanças mortais

As alterações climáticas estão destruindo os ecossistemas, os ambientes naturais dos quais todos os seres vivos, incluindo os humanos, dependem. À medida que os oceanos aquecem, os recifes de coral morrem, afetando os peixes que vivem neles. Os incêndios florestais são mais frequentes, devido ao clima mais quente, incinerando muitas espécies de árvores, afetando pássaros, insetos e outros animais que dependem deles.

Os recifes de coral estão clareando e morrendo.

OS DESASTRES RELACIONADOS AO CLIMA ESTÃO AUMENTANDO

Incêndios violentos queimaram grandes áreas de floresta em todo o mundo. Furacões varreram países, causando destruição. Houve enchentes em locais onde elas nunca tinham acontecido, e as ondas de calor estão cada vez mais comuns na Europa.

Assentamento inundado no Texas, Estados Unidos.

179

AUMENTO DAS TEMPERATURAS

GASES NA ATMOSFERA DA TERRA RETÊM O CALOR DO SOL

A Terra tem a temperatura certa para sustentar a vida. Alguns gases, chamados gases de efeito estufa, são especialmente eficazes em segurar o calor. Ao queimar "combustíveis fósseis" (carvão, petróleo e gás natural), lançamos mais gases de efeito estufa na atmosfera, tornando o planeta mais quente.

OS NÍVEIS DE CO_2 ESTÃO AUMENTANDO

Durante mais de 650 mil anos de história humana, os níveis de CO_2 (dióxido de carbono) eram estáveis, com mais ou menos trezentas partes por milhão (ppm) de partículas de ar. Mas apenas nos últimos 150 anos, subiram para 412 ppm. Os cientistas acreditam que cerca de 350 ppm seria um nível muito melhor para o bem da Terra e da nossa saúde.

INCRÍVEL!

Juntas, as camadas de gelo da Antártica e da Groenlândia contêm 99% da água doce congelada da Terra. Se apenas a camada de gelo da Antártica derretesse, o mar subiria sessenta metros. Os litorais mudariam em todo o mundo, e algumas ilhas, nas Maldivas, por exemplo, poderiam desaparecer completamente!

Dispositivos como purificadores de ar passaram a ser usados para manter o ar limpo dentro das casas.

Algumas ilhas das Maldivas correm o risco de ficar submersas se as camadas de gelo derreterem e o nível do mar subir.

A quantidade certa de calor do sol fica retida pelos gases naturais de efeito estufa, mas os seres humanos liberam mais gases de efeito estufa do que o ideal para a atmosfera, sob a forma de partículas de aerossol compostas por fumo e outros poluentes.

As plantas desempenham um papel crucial

As plantas e as árvores, até mesmo o plâncton nos oceanos, ajudam a equilibrar o efeito estufa. Eles retiram dióxido de carbono prejudicial da atmosfera para produzir energia. Mas os humanos estão colocando mais CO^2 na atmosfera e, além disso, estão derrubando florestas!

O efeito estufa está aumentando

A forma como nós – mais de 8 bilhões de pessoas – vivemos aumenta a quantidade de dióxido de carbono (CO^2) na atmosfera. O CO^2 é um gás de efeito estufa – o excesso de CO^2 no ar aquece a Terra.

À medida que a população mundial aumentou, os gases de efeito estufa aumentaram também.

JÁ PAROU PARA PENSAR...

O QUE É UMA PEGADA DE CARBONO?

A quantidade de dióxido de carbono que você libera na atmosfera é a sua pegada de carbono. Há muitas maneiras de reduzi-la, como andar de bicicleta ou caminhar em vez de dirigir um carro, ou consumir alimentos cultivados localmente que não precisem ser transportados por longas distâncias.

Andar de bicicleta para o trabalho reduz sua pegada de carbono.

181

POLUIÇÃO DO AR QUE RESPIRAMOS

FAZ TEMPO QUE SABEMOS QUE A FUMAÇA NAS CIDADES É PREJUDICIAL

Em 1306, o rei Eduardo I, da Inglaterra, introduziu o que foi provavelmente a primeira lei ambiental e tentou proibir o uso de carvão. Ele percebeu que a queima do carvão produzia muita fumaça, que pairava sobre a cidade como uma nuvem venenosa. Séculos mais tarde, foi inventada a máquina a vapor, que impulsionou a Revolução Industrial e, com ela, veio ainda mais poluição atmosférica!

INCRÍVEL!

A poluição do ar acontece quando muitas partículas, gases e produtos químicos nocivos entram na atmosfera. Isso faz nossos olhos arderem e a respiração se tornar difícil e prejudicial. A Organização Mundial da Saúde afirma que 2,4 milhões de pessoas morrem a cada ano por causa da poluição do ar. Os carros são a maior categoria de poluentes no mundo hoje.

Chaminés industriais poluindo o ar de uma cidade.

O ar é tão ruim em algumas cidades que as pessoas precisam usar máscaras para filtrar partículas nocivas.

A culpa maior é dos combustíveis fósseis

Os combustíveis fósseis se formam a partir de restos de plantas e animais antigos, enterrados nas profundezas da terra. O calor e a pressão transformam os seus restos decompostos em carvão, petróleo e gás natural. Esses são recursos não renováveis porque levam milhões de anos para se formar e os depósitos na Terra estão se esgotando rapidamente. Quando queimados, os combustíveis fósseis liberam gases que prejudicam o meio ambiente.

Estátua na Alemanha corroída por chuva ácida.

Carvão

O DIÓXIDO DE ENXOFRE (SO²) É OUTRO GÁS PREJUDICIAL

O SO² também é liberado pela queima de combustíveis fósseis, mas, ao contrário do CO², não é um gás de efeito estufa. Ele é muito ácido, o que significa que corrói as superfícies. Na atmosfera, mistura-se com gotículas de umidade para formar chuva ácida, que causa doenças e até morte, tanto em plantas quanto em animais.

Um buraco na camada de ozônio sobre a Antártica se fechou sozinho em 2019, mas ainda não sabemos se isso vai durar.

OS GASES PODEM NOS PROTEGER?

O ozônio forma uma camada de gás útil na atmosfera da Terra. Ele nos protege dos perigosos raios ultravioleta do Sol. Infelizmente, a camada de ozônio foi danificada porque os humanos liberaram na atmosfera produtos químicos nocivos chamados clorofluorocarbonos (CFCs). Embora os produtos que liberam esses químicos já não sejam tão utilizados, o dano já está feito.

POLUIÇÃO DA ÁGUA

A ÁGUA LEVA TUDO PARA LONGE

Talvez seja por isso que áreas com água sempre foram utilizadas para despejar resíduos. Mas quantidades crescentes de resíduos que não podem ser decompostos e digeridos pelas bactérias presentes na água agora estão obstruindo os sistemas de água em todo o mundo.

Pesticidas contribuem para a poluição da água

As águas residuais cheias de produtos químicos provenientes das fábricas fluem diretamente para os rios, mas os pesticidas utilizados nas explorações agrícolas e nos jardins também chegam às águas subterrâneas, envenenando-as. Muitas vezes, essa é a mesma água que bebemos.

As atividades de mineração liberam grandes quantidades de ferro, cobre e ácido no Rio Tinto, na Espanha, colorindo-o de vermelho.

Sacolas plásticas, garrafas e recipientes de isopor descartados incorretamente enchem os oceanos de lixo.

INCRÍVEL!

Os resíduos plásticos nos oceanos matam milhões de animais marinhos todos os anos. Alguns são estrangulados por redes de pesca; outros se engasgam com sacos plásticos. Todos os tipos de criaturas marinhas, desde as maiores baleias até o minúsculo plâncton, comem microplásticos. Estima-se que cerca de nove milhões de toneladas de plástico acabam nos oceanos todos os anos.

O esgoto pode matar

Todos os dias, em todo o mundo, o esgoto é despejado em córregos e rios. As bactérias na água atuam decompondo e digerindo o esgoto, mas usam oxigênio no processo. Os peixes começam a morrer quando os níveis de esgoto aumentam, pois não há mais oxigênio na água para eles respirarem.

Esgoto fluindo para um riacho.

JÁ PAROU PARA PENSAR...

É POSSÍVEL LIMPAR OS OCEANOS?

Algumas pessoas inventaram formas de reter pedaços maiores de plástico que flutuam no oceano, mas o maior problema é que a luz solar, o vento e as ondas decompõem os resíduos plásticos em pequenas partículas. Esses microplásticos são quase impossíveis de recuperar e são encontrados em todos os cantos do globo – inclusive no corpo de animais marinhos e terrestres.

Derramamento de óleo em Koh Samet, na Tailândia, limpo com bombas de sucção e tubulações.

DERRAMAMENTOS DE ÓLEO CRIARAM ESTRAGOS

Ao longo dos anos, houve muitos casos de poluição desastrosa da água por derramamentos de óleo. Causado por uma fissura e uma explosão numa plataforma petrolífera em alto-mar, o derramamento de petróleo no Golfo do México, em 2010, afetou cerca de 2.100 quilômetros da costa dos Estados Unidos, do Texas à Flórida. Entre as vítimas, estavam peixes e aves.

MUITO LIXO NO PLANETA

Tambores enferrujados com resíduos químicos podem vazar e criar toxicidade.

O LIXO É UM PROBLEMA

As casas geram enormes quantidades de lixo; as fábricas geram ainda mais. Produzimos tanto lixo que é um problema lidar com tudo isso. Parte é queimada em fornalhas – o que polui o ar. Muito lixo é enterrado, o que polui o solo. Apenas uma parte é recolhida e enviada para reciclagem.

O QUE SIGNIFICA "BIODEGRADÁVEL"?

Tudo o que é feito de material orgânico e que se deteriora e se decompõe para voltar a fazer parte do meio ambiente é considerado biodegradável. A casca de banana é biodegradável, assim como o papel, mas o vidro não é.

Trabalhadores de coleta de lixo em Agbogbloshie, Gana

As cascas de banana se decompõem facilmente na natureza.

186

Venenos de lixo

Grande parte do que é jogado fora como lixo polui o solo. Isso se aplica ainda mais aos resíduos industriais, porque muitos deles são químicos. Os produtos químicos tóxicos entram no solo, envenenando-o e matando plantas e animais.

O isopor nunca se decompõe.

Alguns resíduos nunca vão desaparecer

O tempo que o lixo leva para se decompor depende do que ele é feito. De modo geral, quanto mais processado um material, mais tempo ele leva para se decompor. O papel leva cerca de um mês para se decompor; um saco plástico, cerca de vinte anos. Materiais como isopor não são degradáveis. Eles existirão para sempre!

INCRÍVEL!

Muitos países desenvolvidos enviam os seus resíduos, especialmente resíduos de plástico, para serem eliminados por países mais pobres. Agbogbloshie, em Gana, tornou-se o maior depósito de lixo eletrônico. Computadores, TVs, geladeiras e eletrônicos de todo o mundo acabam aqui. As pessoas que processam os resíduos ficam quase sempre doentes, com dores de cabeça e náuseas. Algumas morreram jovens de câncer, causado pelas substâncias nocivas presentes nos resíduos.

OS ATERROS FICAM MAIORES A CADA DIA

Os enormes depósitos onde são coletados montes de lixo são chamados de aterros sanitários. Muitos deles representam sérios riscos à saúde ambiental, embora estejam sendo encontradas maneiras de tornar os aterros mais eficientes e evitar que o lixo polua a terra e o ar.

Os aterros ficam cada vez maiores até terem de ser tratados.

ENERGIA LIMPA E RENOVÁVEL

NO MUNDO NATURAL ENCONTRAMOS TODOS OS RECURSOS

A queima de combustíveis fósseis para fazer as máquinas funcionarem causa poluição. Mas a natureza tem muitas fontes de energia que não poluem, ou poluem pouquíssimo, como os moinhos de vento. Além disso, ao contrário dos combustíveis fósseis, que são recursos limitados, essas fontes não se esgotam: elas se renovam.

Parques eólicos como este são usados para aproveitar a energia eólica.

A energia térmica capturada dos gêiseres naturais da Islândia é usada para aquecer as casas.

JÁ PAROU PARA PENSAR...

É POSSÍVEL APROVEITAR O CALOR DA TERRA?

Na Islândia, que tem mais de 25 vulcões e inúmeras fontes termais, muitos edifícios e piscinas são aquecidos com água quente geotérmica. Hoje, os Estados Unidos são o maior produtor mundial de eletricidade geotérmica.

Aproveitando o vento

Os moinhos de vento não são uma ideia nova. Eles costumavam ocupar a zona rural de muitos países. Hoje, a ideia está sendo usada na forma de turbinas eólicas. Com mais de noventa metros de altura, elas geram eletricidade a partir do vento.

ÁGUA EM MOVIMENTO CRIA ENERGIA

As represas nos rios usam a energia da água corrente para girar turbinas e gerar eletricidade. Isso é chamado de hidroeletricidade (a palavra "hidro" significa água, em grego). Ao longo da costa, a força das ondas e das marés também é aproveitada para gerar energia limpa e renovável.

A força da água aproveitada por uma barragem.

Usina de biogás na República Tcheca

INCRÍVEL!

As plantas criam a própria energia, e ela pode ser usada para produzir combustíveis como etanol e biodiesel. Além disso, quando as plantas e outras matérias orgânicas apodrecem, elas emitem um gás, chamado metano, que pode ser usado para produzir gás natural comprimido (GNC), um combustível mais limpo do que o petróleo e o carvão. Isso significa que o lixo apodrecendo em aterros sanitários pode ser usado como fonte de energia!

O poder do Sol

O Sol produz mais energia em uma única hora do que todas as pessoas na Terra usam em um ano. Os painéis solares captam a energia do sol e a transformam em eletricidade sem poluir o ar e a água da Terra. A energia solar já está sendo usada para iluminar ruas, aquecer casas e até mesmo abastecer carros.

Os painéis solares podem ser fixados no telhado da sua casa.

REDUZIR, REUTILIZAR, RECICLAR

COLOQUE OS TRÊS "R"S EM PRÁTICA

Reduzir significa usar menos de algo. Reutilizar significa usar algo novamente. Reciclar é guardar algo para que possa ser transformado em um novo produto. Essa é, de fato, uma maneira muito simples de contribuir para o bem-estar da Terra.

O símbolo universal da reciclagem

A reciclagem pode reduzir a quantidade de resíduos gerados.

JÁ PAROU PARA PENSAR...

O QUE MAIS POSSO FAZER PELO PLANETA TERRA?

Se você quer ajudar a tornar a Terra um lugar melhor e mais seguro, agora e no futuro, pode fazer parte de um grupo ambientalista, como o Greenpeace, Friends of the Earth (Amigos da Terra) ou World Wide Fund for Nature (WWF, Fundo Mundial para a Natureza). É possível encontrar mais informações na internet. Você pode fazer a diferença!

Todos os tipos de materiais podem ser reciclados

Para facilitar, é melhor separar materiais diferentes: plástico em um recipiente; vidro em outro; papel, jornais e revistas em outro; e assim por diante. Se você colocar latas ou caixas de leite com jornal, por exemplo, a reciclagem ficará desorganizada.

Caixa de compostagem para uma horta

INCRÍVEL!

Cascas de legumes, folhas de chá e cortes de grama são resíduos "verdes". Se você os amontoar em uma pilha no jardim, eles apodrecerão e se transformarão em adubo. A compostagem é um alimento para o solo. Ela contém nutrientes que mantêm o solo saudável.

Caneca e garrafa de metal

USE GARRAFAS DE METAL OU DE VIDRO

Os produtos plásticos, como garrafas de água e sacolas, constituem uma grande quantidade de resíduos plásticos. Não deixe que isso aumente. Todas essas são medidas pequenas, mas importantes, que muitas pessoas já estão adotando.

Pequenas mudanças podem fazer uma grande diferença.

Desligue os itens elétricos após o uso

Essa é uma boa maneira de começar a usar menos. Outra é não desperdiçar nada, principalmente água: não deixe torneiras pingando. Andar de bicicleta reduz o consumo de energia e é um bom exercício, muito melhor do que usar o carro.

191